好妈妈不打不骂教孩子的小妙招

不打不骂

的家教宝典

刘淑霞◎著

百花洲文艺出版社
BAIHUAZHOU LITERATURE AND ART PRESS

图书在版编目（CIP）数据

不打不骂的家教宝典 / 刘淑霞著. -- 南昌：百花洲文艺出
版社，2013.10
ISBN 978-7-5500-0774-1

I.①不… II.①刘… III.①家庭教育—通俗读物 IV.①G78-49

中国版本图书馆CIP数据核字（2013）第248566号

不打不骂的家教宝典

刘淑霞 著

出 版 人	姚雪雪
责任编辑	刘　云
封面设计	阿　正
出版发行	百花洲文艺出版社
社　　址	南昌市红谷滩新区世贸路898号博能中心A座9楼
邮　　编	330038
经　　销	全国新华书店
印　　刷	江西省人民政府印刷厂
开　　本	170mm×240mm　1/16
印　　张	17
字　　数	252千字
版　　次	2014年5月第1版　2014年5月第1次印刷
书　　号	ISBN 978-7-5500-0774-1
定　　价	28.90元

赣版权登字：05-2013-327

邮购联系　　0791-86895108
网　　址　　http://www.bhzwy.com
图书若有印装错误，影响阅读，可向承印厂联系调换。

前 言
PREFACE

　　每个孩子都是父母生命中的珍宝，寄托了父母最殷切的希望。孩子就像成为工艺品之前的石膏一样，具有极强的塑造性。因此，他们的健康成长需要父母耐心的教育、细心的发现和用心的指导，因为父母采取什么样的方法来教育孩子决定了这个孩子会有一个什么样的未来，也可以说，孩子的未来取决于父母最初的教育。

　　从咿呀学语到进入学校，在这段时间内，孩子接触最多、最为依赖的人就是自己的父母；父母也是孩子的第一任老师，是在学业之外的其他方面对孩子影响最大的人。父母对孩子的启蒙教育，正如一位画家在一张白纸上用画笔和颜料进行涂抹的过程，画家水平的高低、采用何种绘画技巧以及所用颜料的色彩和质量都直接影响到了这幅画的整体水平。与此类似，父母对孩子的教育方式也会影响到孩子的未来。因此，作为父母，一定不能忽视对孩子的后天教育，在日常生活中要规范自己的一言一行，让孩子在这种言传身教中健康成长。

但是，在现今的家庭教育中，有些家长仍旧坚持对孩子实行打骂教育，认为孩子"不打不成材"，只有棍棒底下才能出孝子。因此，一旦孩子学习成绩下降或者做错了事，便采用家庭暴力对孩子又打又骂。惧于父母的淫威，一段时间内，孩子表面上可能会按照父母要求的方式去行事，但是，孩子在成长过程中出现的问题不仅不能得到真正的引导和解决，长期处于这种教育方式下，甚至会使孩子的性格产生扭曲。苏联著名教育家和作家马卡连柯说："用殴打来教育孩子，不过和类人猿教养它的后代相类似。"他认为："必须用父母全部的爱、才能和智慧，才可能培养出伟大的人来。"可见，打骂并不是父母教育孩子的正确方式，孩子的后天成长需要父母全部的爱和智慧，孩子的健康成长来源于父母后天采用的正确的家庭教育方式。

孩子容易产生逆反心理，处于青春期的孩子更是如此。他们在成长的过程中，逐渐形成了自己思考问题的方式，也许在家长们看来，这种思考问题的方式还不成熟，但是不要忽视，也不要抑制孩子的这种行为，要对其进行正确的引导。家长要以朋友的姿态和孩子谈心、交流，了解孩子心里的渴望，发现孩子的优点和不足，用赞美的语言来激励孩子。孩子难免会犯错，学习成绩难免会有起伏，也难免会受到外界的一些不良诱惑，当这些问题出现时，父母要控制好自己的情绪，蹲下身来听听孩子的理由，让他们能够畅所欲言，将父母看做自己最值得信赖的朋友，只有这样，父母才能了解自己的孩子，帮助他们解决遇到的困惑和难题，引导他们朝着一条健康的道路前进。

好孩子不是打出来的，也不是骂出来的。孩子的教育需要父母倾注全部的耐心、细心和关心。在孩子的成长过程中，称职的父母懂得替孩子营造一种温馨的家庭气氛。家是孩子生活的重要场所，因此，在家庭生活中，父母首先要重视给孩子营造一个温馨且充满爱的生活环境，在这种家庭环境的影响下，孩子也会变得善解人意、热情开朗，养成一种积极乐观的性格。作为父母还要注重对孩子的言传身教，不该做的事情坚决不做，该做的事情就努力去做好，尊重孩子的选择，让孩子处于一种严谨而又开明的家庭环境中，在这种环境的熏陶下，孩子在看待问题和处理事情的方式上将会变得日益成熟。称职的父母不会以自己忙为借口而疏忽孩子，他们会经常抽出时间陪孩子谈心，帮助孩子处理学习和生活上遇到的难题，及时给孩子帮助和引导，让孩子感受到父母的关怀和支持。

没有不成才的孩子，只有不会教的父母。教育孩子要有正确理念的支撑，不要愚昧和偏激，也不要放任且冷漠，更不要武力和独断。孩子的健康成长不能求助于打骂，也不能依靠冷言冷语，父母应该将自己的聪明才智放到孩子身上，将自己善于发现的双眼、善于倾听的双耳以及善于抚慰的双手放到孩子身上，试着理解自己的孩子，让他们对你敞开心扉。作为父母要用自己全部的爱心、关心、细心和耐心来浇灌自己的孩子，让自己成为孩子人生道路上那盏永不熄灭的明灯。

本书以当前家庭教育的实际为着眼点，从天才不是打出来的，成绩不是骂出来的；家长的成长方程式：从又打又骂到不打不骂；避免与孩子发生冲突的十大技巧；错误的教育比不教育更糟糕；蹲下来和孩子说话，不要居高临下；孩子没有教养不能成为你打骂孩子的理由；孩子犯了错，不能成为你打骂孩子的理由；孩子的"小毛病"，不能成为你打骂孩子的理由，等等，这

十五个方面入手，详细并且系统地讲述了父母在教育孩子的过程中所采取的错误教育态度和教育方式，并为父母提供了可资借鉴的正确教育方法。当然，孩子的个性不同，教育方式理应不一样，在参看本书时，编者建议家长细心观察自己的孩子，选择适合自己孩子的教育方式。

本书理论性和实践性并重，在阐述意见和建议的同时列举了诸多案例，具有切实的可操作性，为孩子的光明未来提供了一份合理可行的建议书，也给那些对孩子寄予无限期望的父母带来了一份可资借鉴的教育参考书。每一个孩子都具有无限潜力，每一个孩子身上都有无数的闪光点，本书也是给广大父母的一个提醒，一种欢告，好父母，对孩子不打不骂，而是给孩子一个宽松的成长环境，只有这样，父母才能成为孩子心中最信赖的人。

用心阅读本书，反思自己的教育方式，找寻正确的教育方法，发掘孩子更多的优点，用爱心、关心和耐心来灌溉这株幼苗，让孩子在父母的关怀下健康茁壮地成长！

当然，由于编者水平有限，接触到的父母和孩子也有限，本书无法涵盖家长采取打骂教育的所有理由，也无法向家长详述所有正确的教育方式，在编书的过程中，甚至难免会出现一些纰漏，对此竭诚欢迎各位读者的积极指正。同时，希望本书能为广大读者带来帮助。

目录 | CONTENTS

第十二章　孩子爱顶嘴，不能成为你打骂孩子的理由
——顶嘴是孩子"青春期"的叛逆反应

第十三章　孩子没有上进心，不能成为你打骂孩子的理由
——批评孩子不上进其实就是批评父母无目标

第一章

天才不是打出来的，成绩不是骂出来的

——打不是亲，骂也不是爱

在教育孩子的过程中，大多数父母都持有这样的观点："打是亲，骂是爱"以及"棍棒底下出孝子"。似乎只有用这种激烈的方式才能培养出祖国的栋梁之材，却没有意识到这并不是教育孩子的最佳途经，而只是一种懒惰之举。持这种观念的父母通常都没有认真了解自己的孩子，没有耐心倾听他们内心的想法；孩子做错了事情，也没有耐心去询问犯错误的缘由，而是将责任全部推到了孩子身上，然后，通过对孩子的责罚来表达他们"怒其不争"的愤慨。而且，就算孩子了解父母是出于一片苦心，他们可能会原谅父母，理解父母，也很难从心底再亲近父母；如果孩子不能理解父母的这种打骂教育，那么他们会越来越讨厌自己的父母甚至与父母之间越来越冷漠。因此，父母要想和孩子之间建立和谐的关系，必须转变打骂孩子的教育方式，在教育孩子的过程中，对孩子付出关心和耐心。

放下棍棒，捧出温柔爱心

　　每个家长都希望自己的孩子将来能有一番作为，但是，在如何教育孩子这一问题上，大多数家长却很容易走入误区，他们理所当然地认为"棍棒底下出孝子"，甚至坚持"不打不成材"的观点。这固然是出于家长的一片爱子之心，但是这种粗暴的爱子方式是否真的有用呢？

　　2013年6月10日晚10点左右，湖南省临武县公安局城关派出所接到了一个报警电话，位于临武新市场内的一家服装店意外着火，户主向派出所打电话请求援助。当消防大队将大火扑灭后，店内的服装及其他物品已经被彻底烧毁，这场大火导致户主损失了10余万元。随后，警方对这起事故展开了调查，最终定性为一起故意纵火案。然而，意外的是，故意纵火的人竟然是这位店主的儿子卢某。在给卢某录口供时，警方了解到了卢某纵火烧毁自己母亲服装店的原因。早年，父母离异后，卢某就一直跟着母亲，母亲平日里忙于生意分不开身照顾卢某，因此小学毕业后，卢某就踏入了社会。在对儿子管教无望的情况下，卢某的母亲不再花时间来教导卢某，而是常常对其施以暴打，导致卢某对母亲的怨恨与日俱增，尤其是在卢某长大以后，母亲的管教方式依旧没有改变，这严重伤害了卢某的自尊心，最终导致卢某采取纵火烧店的方式来报复母亲。

　　母子之间的关系本应是人世间最为亲密的，在这里，卢某却毫不掩饰自己对母亲的痛恨，并将这种痛恨转化为了实际行动。这种悲剧的产生不是一朝一夕的结果，而是根源于家长长期以来对孩子采取了错误的教育方式。青春期的孩子独立意识强，也容易产生逆反心理，粗暴的打骂方式不仅不能取得预期的效果，还会增加他们对父母的抵触情绪，最终，轻则在孩子幼小的心灵上形成阴影，重则导致无法挽回的人生悲剧。

现实的悲剧对奉行打骂教育的家长无疑敲了一个警钟，并且明确地告诉他们，教育孩子不是一件简单的事，打骂教育早已失去了生存的土壤。

家庭教育是孩子接触到的第一种教育，父母和子女朝夕相处，父母的言行对子女的认识和行为起着潜移默化的影响，积极的家庭教育能引导孩子树立正确的价值观和人生取向，而消极的家庭教育则可能导致孩子性格上的扭曲和偏差。宋庆龄在《把培养革命后代的任务担起来》一文中有过这样的阐述"父母是孩子的第一个老师，孩子从幼儿到小学、中学时期，大部分时间生活在家庭里，而这段时间正是孩子们长身体、长知识、培养性格、品德，为形成世界观打基础的关键时期，父母的一言一行都对孩子有着深远的影响。如果父母不对孩子进行正面的教育就难免产生反面的影响。"然而，在现实生活中，这些劝诫却往往会被大多数家长忽略。

安安刚上小学六年级，是一个非常听话的孩子，不仅学习成绩好，而且性格活泼开朗，一直以来深受父母和老师的喜爱。

可是最近一段时间，王老师发现安安不仅上课走神，而且作业完成的质量也开始下降，在最近的一次考试中成绩已明显下滑了。于是，王老师将安安叫到办公室，亲切地询问她最近的状况，安安只是低头盯着自己的脚，一句话也不说，王老师觉得奇怪，并且感觉到了事情的严重性，放学后打电话约安安的父母来学校。接到电话后，安安的父母赶紧放下手中的事来到了学校。王老师将安安最近的情况告诉了他们，并提出了自己的意见，让安安父母和安安多沟通一下。

晚上，回到家吃过晚饭，安安父母在一番耐心地开导和询问下才明白影响安安情绪的原因。原来，安安的父母最近貌合神离，婚姻出现危机，原本夫妻俩都瞒着安安。但是有天晚上因为肚子疼得厉害，安安起床去洗手间，经过父母房间的时候，意外地发现父母正在大声地争吵，之后，妈妈坐在床边哭泣，爸爸站在窗口抽烟，气氛紧张且沉重。这天晚上，安安突然发现自己原本以为相亲相爱的爸爸妈妈竟然并不是自己想的那样，于是安安陷入了紧张不安中，情绪上的不安和失落使得她的学习成绩开始下滑，却又不敢告诉父母。

安安父母听了安安的原因之后，并没有掩饰自己吵架的事实，爸爸

将安安抱到自己的膝盖上，认真地向安安道歉，并慈爱地说："爸爸最爱的就是你了，爸爸妈妈偶尔会因为一些事情吵架，但是爸爸向你保证，爸爸永远爱你和尔的妈妈，爸爸再也不乱发脾气，惹你妈妈哭了。"妈妈笑了，安安也笑了。心事解开了，安安在学习上也变得更加努力，原本幸福的家显得更加甜蜜了。

现实生活中，有很多孩子因为父母的感情不和而变得消极，学习成绩因此下滑，对比，家长究竟是不问青红皂白拉起孩子就打，还是耐心地询问孩子最近的状况，和孩子谈心，这就取决于家长采取的教育方式了。而无数事实证明：在教育孩子的过程中，父母的爱心和耐心，远比棍棒更有成效。因此，徐了棍棒教育，父母也可以换一种教育方式，比如：

（1）和孩子谈心。

和自己的孩子谈谈心。放下自己做父母的架子，从朋友的角度来和孩子交谈，了觧他们内心真实的想法，并且适当提出自己的意见，特别在孩子学习成绩下降，或者情绪低落的时候，父母的安慰和鼓励能让孩子向父母坦露自己的心事，这样，要有利于父母对孩子内心的了解，从而给予孩子帮助和引导。

（2）鼓励孩子培养自己的兴趣和爱好。

学习并不是孩子唯一可做的事情，但是很多家长看不到这一点，因此逼着自己的孩子整日学习，这很容易让孩子产生逆反心理，对学习越来越厌恶。适当地引导孩子发展兴趣和爱好是缓解学习压力的一种良方，同时，还可以培养孩子的动手和自主能力。

（3）带孩子出去旅游。

旅游是建立良好关系的一种绝妙选择，轻松的旅游能让父母和子女间原本紧张的关系得到缓解。在旅行中没有忙碌的工作，孩子也暂时忘掉了学业的压力。而父母围绕的始终是孩子，在这种情况下，孩子能感受到一种被在乎的惑觉；此外，旅行也能增长孩子的见闻，培养他们对祖国大好河山以及名胜古迹的热爱之情。

（4）以身作则地引导自己的孩子。

在教育子女的过程中，父母要以身作则，不能自己做一套，教育子女又是另一套，在孩子眼里父母就是为人处事的标杆，因此，父母对孩子的教育方式直接影响到孩子对其下一代的教育方式，这样代与代的相互影响，不能说不深远，因此，父母以身作则地教育孩子相当重要。

本节家教智慧

宋庆龄曾说过："教养下一代是我们全民的责任。首先，做家长的要负起这个责任来。现在有些做父母的认为教育儿童是国家的事情，自己可以放任不管；有些人以打骂代替教育；有些人以溺爱代替爱护；甚至有些家长对孩子施加压力和威胁，增加孩子在毕业升学问题上不必要的紧张。……作为家长应该学会正确教养自己的子女……"。

社会发展到今天，我们对"棍棒底下出孝子"的这种教育观念应该重新认识，特别是在出现了一系列的问题之后，家长们更应该反思这句话的可行性。要认清，在教育子女的过程中，蛮横并不是解决问题的唯一方式。理智地选择一种合适的方式来正确引导孩子，放下家长的姿态，认真倾听孩子们的心声，才能做一个合格的父母。

2

让孩子变被动学习为主动学习

人们常说"兴趣是最好的老师"，但是在孩子的学业问题上，很少有父母能够做到尊重孩子的兴趣，让他们选择性地学习。在家里，有的父母不要求孩子做任何家务，甚至有些孩子在学校里用过的被褥、穿过的衣服等也拿回家全部扔给妈妈，对此，妈妈竟毫不在意。但是，在孩子的学业上，他们却很执著，只要能提高孩子的学习成绩，无论多昂贵的辅导班也舍得花钱让孩子去上，无论多难得的辅导资料，想尽办法也要帮孩子购买到，如果孩子明白父母的苦心进而努力学习，那么父母的这番苦心也不是毫无用处；可是青春期的孩子对于父母的督促、劝告以及责骂常常会产生逆反心理，以致对原本没有兴趣的学习更加厌恶，学习成绩自然难以提高。

汪小飞期末考试成绩不是很理想，妈妈心里着急，就对他说："马上要升六年级了，还有一年就要进入初中，成绩不提高就没有机会进入重点中学，所以妈妈想给你报辅导班，让你趁着这个暑假把学过的知识好好复习一下，有不懂的地方也可以问问辅导班的老师。"听了妈妈的话后，汪小飞心里万分的不愿意，他原本计划着回乡下去和小伙伴们一起过个开心的暑假，现在全泡汤了。但是，汪小飞是个懂事的孩子，妈妈的辛苦他看在眼里也记在心里，他知道妈妈让他补课也是为了他好。

暑假的第三天，汪小飞就开始了他的暑期补习，他每天认认真真地上课、写作业。当暑假快要结束的时候，补习班安排了一次测验，测验结果却很不理想，妈妈生气地问小飞："你是不是没有好好学习啊？怎么以前不会做的题，学了一个暑假还是不会呢？这是怎么回事？"小飞委屈地回答道："整个暑假我都认真学习了，每天那么早去上课，回到家还写作业，您都看到了的啊，但是，每次老师讲的知识第二次写的时候我又忘了，我也不知道该怎么学……"小飞的声音越说越小，到最后几乎连自己都听不见了。

在上了一个假期的补习班后，为什么汪小飞的成绩还上不去呢？显然，他对学习缺乏兴趣，并且没有掌握正确的学习方法。他的学习主要是迫于妈妈和老师施加的压力，妈妈可以把他送到最好的辅导班，却不能把书本上的知识完全塞进小飞的头脑中，小飞缺乏学习的主动性，因此就不会主动地将所学到的知识完全消化，自然无法取得好的效果。

那么，面对这种情况，父母应该怎么做呢？从王丹妈妈的教育方式里，父母们也许能找到他们需要的答案。

王丹今年11岁，是小学六年级的一名学生。她的语文成绩一直很好，尤其是作文，经常被刊登在校刊上。一次语文课上，张老师让她讲讲自己是如何写作文的，王丹大大方方地站起来回答道："我写作文的特长是妈妈培养出来的。"原来，在王丹小时候，妈妈就经常给她读童话故事，从国内的到国外的，听的童话故事多了，她也学着自己构思故事，然后讲给爸爸妈妈听，时常惹得他们开怀大笑。上了小学以后，妈妈买了许多书放在家里，每到假期，王丹就钻到书堆里津津有味地看上大半天，有时甚至意犹未尽地跑到书店里去看，妈妈发现她的这一爱好后，没有制止她看这些课外书籍，而是适当地鼓励她，正是由于王丹对课外书籍产生了浓厚的兴趣，并在妈妈的鼓励下，去大量的阅读，使她增长了知识，拓宽了视野，所以她的语文成绩才会一直名列前茅，在作文上的表现更是强过班上的其他同学。

相比小飞同学在压力的逼迫下被动学习，王丹同学在兴趣的指导下主动地看书所取得的效果无疑更好。

既然逼迫不是最好的办法，那么我们该如何来正确引导孩子学习呢？

（1）引导孩子培养学习的兴趣。

培养孩子的学习兴趣首先要激发孩子对学习的好奇心理。居里夫人说："好奇心是学者的第一美德，而好奇心又总是兴趣的导因。"所以，

引导孩子对周围的事物产生好奇心理，在这种好奇心的指引下主动去寻找答案，比逼着孩子学习更有效果。因此，父母要成为孩子学习道路上的引导者，容许自己的孩子多参加一些课外活动，在参加课外活动的过程中，孩子们能发现更多的兴趣和爱好，从而全面地发展自己。在怎样培养孩子的兴趣方面，也要注意，在遇到问题时，对孩子来说，既是动力又是障碍，不懂的问题可以激发孩子去寻找答案的欲望，但是如果超越了他们解决问题的能力，而且这种问题越积越多，那么就会成为孩子求知的障碍。

（2）鼓励孩子在遇到问题时敢于怀疑、多思考。

告诉孩子在学习的过程中会遇到很多问题，但是这些问题并非都有正确的答案或者唯一答案，鼓励孩子多思考，敢于怀疑，这样就能培养孩子的创新能力。

（3）主动进行课外阅读。

在鼓励孩子进行课外阅读的过程中，不要施加任何压力，让他们完全放松，沉浸在自己的阅读世界中，对于阅读材料，父母不要过多干涉，不能仅仅限于作文或与学习相关的类型，以孩子感兴趣的为主，但是由于现在的书籍良莠不齐，父母在孩子选择书籍的过程中可以进行正确地引导。

本节家教智慧

美国教育学家布鲁诺说："学习的最大动力乃是对所学材料的兴趣。"因此，要想让孩子在学习上取得好成绩，从小培养孩子的学习兴趣是十分有必要的，逼迫下的学习终究难以维持，关心孩子就应该帮孩子找到学习的兴趣所在。

3

培养一个好孩子，妈妈只需要 1% 的改变

美国著名盲人男歌手史蒂维·旺德说过这样一句赞美母亲的话："妈妈是我最伟大的老师，一个满是慈爱和具有无畏精神的老师。"众所周知，知识可以从很多途经获得，老师、书本、身边的人、大自然甚至是我们生活的社会，但是老师是我们获得知识的最重要的途径，史蒂维·旺德认为妈妈是最伟大的老师，可见，妈妈的教育对孩子的成长发挥着多么重大的作用。

上幼儿园时小辉非常好动，每次坐不到 1 分钟就开始左摇右晃，这对其他小朋友的学习产生了一定的负面影响，老师在课堂上批评过小辉几次，但并没能使他改变。一次家长会后，班主任王老师将小辉的妈妈单独留下来，并对她说了小辉的情况。回家的路上，小辉问妈妈："妈妈，王老师跟您说了什么啊？"妈妈偷偷抹了一把眼泪，转过头，慈爱地告诉小辉："老师告诉妈妈，我们家小辉进步了，现在在课堂上能乖乖坐着听课了呢！妈妈真为你高兴。"此后，小辉似乎突然变得懂事了，上课的时候他能忍住自己想动的欲望，乖乖地坐着听老师讲课。

上小学六年级了，期中考试过后，学校举行家长会，小辉在班上的成绩一直处于中下游，家长会上，班主任李老师特意提醒了小辉妈妈，以小辉现在的成绩来说，考重点中学有点危险。小辉知道自己的情况，所以忐忑不安地在家里等着妈妈，看到妈妈走进家门，迎上前去，不安地问道："妈妈，家长会上李老师怎么说啊？"妈妈看到小辉紧张的神色，亲切地摸了摸自己儿子的头，平静了一下心情，回答道："李老师说我们家小辉最聪明了，很有希望考重点中学哦！"从那以后，小辉学习更加主动了，不再像以前那样需要妈妈和老师的督促，学期末，他直接被保送到了省重

点中学。

高三时，小辉喜欢上了班上的学习委员晓琳，但又不敢对晓琳说，而且害怕老师和其他同学知道，所以每天上课的时候他总是集中注意力，几次考试过后，小辉在班上的名次明显下滑，这使他感到颓废和苦恼。直到一次月考后，班主任张老师让小辉妈妈去了一趟学校，小辉妈妈才从张老师那里了解到小辉最近学习不专心，并且有早恋的倾向，张老师建议小辉妈妈严厉批评小辉的这种早恋行为。知道小辉的情况后，小辉妈妈并没有气急败坏地立刻去找小辉，而是在一处安静的地方思索了很久。小辉放学后和妈妈一起回家，途中，他下了几次决心，最后终于鼓起勇气主动向妈妈坦诚了自己最近的情况，并表示自己很苦恼。眼看着小辉马上要高考了，妈妈心里也很着急，但最终她只是拍了拍小辉的肩膀，和蔼地告诉小辉："喜欢一个人并没有错，妈妈也相信小辉喜欢的女孩子一定是最好的，但是好女孩都喜欢努力上进的男孩，妈妈相信我们家小辉一定是个努力上进的好孩子，好孩子还要懂得为别人着想，而且这个人还是小辉喜欢的人啊，所以我们小辉现在要做的就是压制好这份感情，努力学习，迎头赶上那个女孩，等到时机成熟了妈妈会支持你的。"原本以为妈妈会严厉斥责自己，却没想到受到了妈妈的鼓励，小辉心中的阴云一下子被拨开了，从此，他努力压制自己内心的这份悸动，埋头苦学。收到重点大学录取通知单的那天，小辉跑回家，将自己的通知单第一时间拿给了妈妈，在妈妈面前哭了："妈妈，其实我知道老师说我很好动，也说我并不聪明，没希望进重点中学，我知道自己曾经一度学习成绩不好，但是您并没有像其他妈妈那样对自己的孩子失望或者严厉地批评自己的孩子，而是永远用温暖的话语来鼓励我，让我重拾信心，让我每次处于交叉路口的时候不至于迷失方向，妈妈，我爱你。"妈妈听完儿子深情的话语，紧紧地抱住了小辉。

在小辉的成长道路上，小辉妈妈用赞美、支持和鼓励来对他进行引导，让他在人生的每一个低谷重新振作，她用自己充满爱的话语和抚慰让小辉迅速成长并成熟起来。

好妈妈就是一所充满爱的学校，孩子只有在这所爱的学校里才能获得好成绩，形成良好的品格。妈妈是孩子的第一任老师，妈妈的行为对孩子的成长有着极其重要和深远的影响。

吴涛是一名小学四年级的学生，平时和爷爷奶奶、爸爸妈妈一起生活，吴涛的妈妈对奶奶总有很多怨言，经常当着吴涛的面称呼奶奶为"死老婆子"，久而久之，吴涛也就受到了妈妈的影响。

一天，爸爸妈妈带着吴涛去外婆家玩，趁着大人们不注意的时候吴涛将喂养在盆里的黄鳝给倒了出来，弄得厨房里一地的黄鳝。外公偶然经过看见了，就对他唠叨了几句。

可谁知，外公话还没说完就被吴涛给截断了，他心有不服顺口就说道："死老头子，啰哩啰嗦的，讨厌死了。"

这话刚好被经过的妈妈听见了，妈妈十分生气地拉过他，劈头盖脸地训道："是谁教你这样说外公的？怎么这么没大没小，什么时候变得这么不懂事了？"

吴涛不仅没有觉得自己不对，还义正严辞地对妈妈说："这可不是我一个人说的，你不是也这样说过吗？我听到过好几次了。"

妈妈看见吴涛这样满不在乎、拒不认错的神情，气得直跺脚，生气地说："我什么时候对外公说这么没教养的话了？"

吴涛厉声反驳妈妈，说："可是我在家里经常听见你这样说奶奶。"

妈妈顿时红了脸，再也说不出一句责备吴涛的话来。

这虽然只是家庭生活中一个小小的插曲，但是不得不说，吴涛妈妈在这方面对孩子的影响很坏，吴涛的言行对于每个做妈妈的来说都是令人震惊并且值得反思的，很多父母以为自己的孩子年纪还小，不懂事，因此在他们面前口无遮拦，却不知道，自己的言语或者行为正在被自己的小孩无形地模仿。父母的行为对小孩来说就是一个直接的学习榜样，中国有一句古话，叫做"上梁不正下梁歪。"父母的言行举止在孩子的教育过程中具有不容忽视的重要影响。

家庭教育不仅要关注孩子的学习，更重要的是让孩子从小养成良好的品格，做到身心的健康成长。因此，妈妈有必要在说话或做事前为自己的孩子想一想，在孩子面前做出正确的表率。那么，妈妈如何做才能培养出

一个好孩子呢?

（1）注意自己的言语和行为。

好妈妈在赡养老人、抚养孩子、照顾家庭时都应该尽心尽责。注意自己与公婆说话时的用词和语气，不要在孩子面前抱怨老人或者辱骂老人，对自己的父母和对方的父母要公平，善待两边的老人。夫妻之间有矛盾，不要在孩子面前以争吵或者其他蛮横的方式来解决。做一个好妈妈要联络好家里人的感情，为孩子营造一个温馨和谐的生活环境。

（2）理解孩子，从孩子的角度来思考问题。

不要经常拿自己的孩子同别人的孩子进行比较，要善于发现自己孩子的长处和不足，时常鼓励孩子而不是用"你看看人家某某怎么样，人家某某怎么样"的话刺激孩子；孩子的学习成绩上升了，要适当进行鼓励，但是不能助长孩子骄傲的气焰，孩子的学习成绩下降了，也不能辱骂孩子，打击孩子的积极性，要耐心帮助孩子克服困难，找出原因，并且让孩子看到你的诚心。

（3）不要过多地干涉孩子，要培养孩子独立自主的能力。

许多妈妈对孩子有一种强烈的占有欲，总是希望孩子始终被保护在自己的羽翼下，却不知道这样恰恰限制了孩子的发展。温室里长不出苍天大树，好妈妈要在适当的时候放开自己的孩子，相信孩子能独立面对困难，经受住挫折的考验。

好孩子不仅仅是成绩好，在品性上也要能经得住考验，在孩子的成长过程中，妈妈做出 1% 的改变，对于孩子来说她就是他一生的榜样和信仰。

本 节 家 教 智 慧

郑振铎说："成功的时候谁都是朋友，但只有母亲——她是失败时的伴侣。"

父母是孩子的榜样，父母的言行是一本移动的教科书。作为父母要注意自己的言行，用最真诚、最善良的方式来教导自己的孩子，这样你才会拥有一个向善、向上的孩子。

4

教育需要耐心，妈妈也需要耐心

古希腊哲学家柏拉图曾说："耐心是一切聪明才智的基础。"

在教育孩子的过程中更需要耐心。教育孩子不是短时间的事情，而是一个慢慢积累、由量变到质变的长期过程，也许是因为关心则乱，也许是因为旁观者清。在看到别人教育孩子的时候，时常听见有人评价某位母亲缺乏耐心，也会听见有人赞扬某位妈妈很有耐心。但是自己在教育孩子的过程中又很难对自己的教育方式有清醒的认识。根据实际调查，只有相当少的父母在教育子女时能耐得住性子，而大部分父母在教育子女的过程中都是虎头蛇尾。缺乏耐心，到最后时常以粗暴的方式来对待孩子，而这种缺乏耐心的教育也会使孩子渐渐养成缺乏耐心的坏习惯。

宁宁是武汉市实验小学五年级的一名学生，个性活泼开朗，特别喜欢新鲜事物，但是她有一个毛病，那就是对任何事情都只有三分钟热度。譬如，她看见隔壁班的小婷在校歌唱大赛中获得了一等奖，心里羡慕，想起自己也有一副好嗓子，于是，就吵着妈妈给她买歌曲光碟。起初，宁宁兴致昂扬，放学回家就在家里练嗓子，可是过了不到三天，家里就沉寂了，妈妈给她买的光盘也不知被扔到了哪儿。

之后，她看见班上的李明在学钢琴，觉得很有意思，于是，又吵着妈妈给她报了一个钢琴培训班，因为宁宁刚接触钢琴，所以老师很用心地给她讲解一些理论上的知识，宁宁听得不耐烦，就要求老师直接教她怎么弹，这一次，宁宁坚持了不到一个星期，上了不到五次课，就不去了，理由是每天弹来弹去都是哆瑞咪发嗦啦西哆这几个音符，还不能乱动，枯燥死了。写作业时，宁宁也是写一会儿作业就出去玩一会儿，然后再去写一会儿作业，因比，她的作业每次都要很晚才能完成，而且质量也不高。为此，宁宁的爸爸妈妈很苦恼，不知道该怎样教育宁宁。

在一次家庭聚会中，宁宁的伯父问起了宁宁的情况，宁宁父母说出了自己这方面的苦恼，宁宁的伯父思考了一会，认真地对宁宁的爸妈说："你们平时在家里或者在宁宁面前说话做事有耐心吗？在教导宁宁的时候会花心思并且持之以恒吗？"宁宁父母反思了一会，红着脸低下了头。

原来，宁宁的父母都有自己的工作，虽然有心管教女儿，但是每次指导宁宁作业的时候都会有其他事情来干扰，或者起身接个电话，或者开门迎接一下来访的人，大多数时候宁宁爸妈在给女儿讲解题目的时候也没有耐心，讲解过一遍后如果宁宁还是不懂，他们就会不耐烦，并大声骂道："你怎么这么笨？这都不懂？你像谁啊？"这样的次数多了，宁宁也就懒得向自己的爸妈问问题了，而在爸妈的影响下，宁宁也养成了缺乏耐心的坏习惯。

在宁宁伯父的提醒下，宁宁的爸妈明白了，是自己在教育宁宁的过程中缺乏耐心才导致宁宁也养成了缺乏耐心的性格缺陷。从这以后，宁宁爸妈很注意言传身教，晚上宁宁学习的时候，他们也坐在宁宁身边看书，当宁宁不断地起身、坐下时，宁宁爸妈却坚持坐着看书，一段时间之后，宁宁也能静下心来认真学习了。

培养孩子的耐心是需要父母在教育子女的过程中言传身教、循循善诱，性格上存在缺点是每个人都难免的，更何况是未经世事的孩子，在学业、品行等方面，孩子也会有不尽如人意的地方，任何过度急躁或者放纵的行为都只会让孩子在错误的道路上越走越远。这时候家长理应冷静面对，静下心来认真思考用什么样的方式来教导孩子才是正确的，什么样的行为才能对孩子产生正面影响。

王刚是一名小学五年级的学生，他非常喜欢踢足球，是校足球队的队长，虽然年纪小，但是在足球方面却是一棵好苗子，他在足球上的天赋连教他们体育的李老师都赞不绝口。但是，王刚有个小毛病，每次踢完球回家，穿过的鞋子和衣服都会满屋子随意乱扔。忙碌了一天的妈妈回到家做的第一件事就是帮王刚收拾残局。

妈妈也曾多次提醒王刚，让他把自己的鞋子、衣物整齐地放好，当

时他也会听妈妈的话，只是很快就将那些话忘记了。说了多次后，见王刚并没有改变，妈妈决定改变策略，每次王刚进门将自己的鞋子和衣物到处乱扔时，妈妈就在王刚面前默默地拾起他的衣物鞋子，并整整齐齐地摆放好，再将自己的鞋子衣物也整整齐齐地摆放好，一句抱怨的话也不说。

就这样，在妈妈耐心地一次又一次的拣放过程中，王刚终于意识到了自己的错误。一天，家里来了客人，妈妈让王刚和自己一起去市场买菜，回来时她先进门，将自己的鞋子整整齐齐地放在鞋架上，王刚刚想随脚踢掉鞋子，看到妈妈的举动后默默地将鞋子照着妈妈的样子整整齐齐地摆放在了鞋架上，妈妈假装没有看到王刚的这一举动，实际上却背着王刚欣慰地笑了，这么长时间默默地耐心教导，总算看见了他的改变。

由这个故事我们可以看出，有时候，以身作则比千万句严厉地批评或说教更有效。但是以身作则还需要父母能够持之以恒。所以，缺乏耐心的父母们在教育孩子的过程中，可以试着这样做：

（1）学会以身作则。

父母是孩子学习的榜样，俗话说"有样学样"，在孩子的成长过程中，父母的言行对孩子有着深远影响。因此，想让自己的孩子说话做事有耐心，在生活中，父母就应以身作则，做有耐心的父母，在孩子面前说话做事有始有终。在排队时，父母要沉着等候；教孩子作业时，要耐心讲解直到孩子明白，等等。

（2）让孩子培养自己的兴趣爱好。

兴趣是最好的老师，对于自己感兴趣的事情孩子往往会更加专注，因此，父母应该扩大孩子的兴趣范围，节假日的时候可以带着孩子去游山涉水，努力发掘孩子的兴趣爱好。

（3）认真倾听孩子和老师的想法。

孩子缺乏耐心肯定有相应的缘由，家长只有找到孩子缺乏耐心的原因才能对症下药。与孩子交谈或者与老师同学交谈是了解孩子状况的重要途径。放下家长的架子，从朋友的角度认真倾听孩子内心的想法，再从自己身上找原因，是不是自己在平时的生活中缺乏耐心影响到了孩子，若果真如此，那么今后要通过自己的行为向孩子证明自己已经改正了这个不好的习惯，给孩子做个好榜样。如果是其他原因，找出原因后再对症下药。

好父母要有耐心，能认真倾听孩子的心声，在生活中对孩子的教导能做到坚持以身作则。"只要功夫深，铁杵磨成针。"在孩子的教育上也是如此，要时刻记得，自己是孩子的榜样，是孩子模仿的对象，如果父母自己缺乏耐心，却强迫孩子养成耐心的好习惯无疑是很困难的。

本节家教智慧

人们时常听到这样一句话："没有不会学的孩子，只有不会教的老师。"同理，"没有不耐心的孩子，只有不耐心的父母。"每个做父母的都希望自己的孩子能成为人中龙凤，然而，只靠一时地打骂是教不好孩子的，它需要父母坚持不懈地耐心教育。

在孩子的成长道路上，父母就是辨别方向的指南针，只有父母分清了方向，孩子才不会迷失，如果父母自己都分不清方向，那么孩子注定会在前进的道路上迷失。因此，要想孩子有耐心，做父母的理应做好榜样。

第二章

家长的成长方程式：从又打又骂到不打不骂

——不打不骂，不娇不惯

　　自古以来，很多中国家长都秉承着"棍棒底下出孝子"，"打骂之下出人才"的家教理念。认为孩子只有通过打骂才能够成为人才，才能够成龙成凤。然而，现实往往事与愿违，打骂并不总是能够出"孝子"，也不总是能出人才。虽然大多数情况下，打骂并不是家长的目的，家长只是希望用打骂这样的方式来让孩子更加深刻地认识问题、纠正错误。却没有意识到"打骂"的教育理念不仅不能让孩子意识到错误，反而会强化孩子的错误行为，甚至，最终有可能酿成家庭悲剧。

　　英国著名的教育学家约翰·洛克指出："教育孩子要尊重孩子，必须精心爱护、培养孩子的自尊心、荣誉感，而不是打骂孩子。"他认为，奴隶般的教育，必然养成奴隶般的脾气。他还认为，一旦孩子懂得了羞辱、尊重的含义后，那么羞辱和尊重就会成为孩子心里最具力量的刺激因素。

从又打又骂到不打不骂

很多中国家庭有一种现象：打骂孩子。在一些家长看来，打骂是为了让孩子更快、更深刻地认识错误、改正错误，殊不知，打骂恰是最糟糕的教育方式。打骂不仅会严重影响到孩子的健康成长，还会给家庭、社会带来极其恶劣的影响。

熊斌是家中的独生子，父母一直将他视为掌上明珠，从小对他百依百顺。十二三岁的时候，熊斌变得非常顽劣，整天在学校、小区惹祸。为此他的父亲——一个片警，没少被老师请去办公室喝茶，也曾多次遭遇同学家长上门告状的情况，熊斌的父亲工作很辛苦，加之脾气也很暴躁，在发觉说服教育对儿子不起作用的情况下，就采取了棍棒的方式，希望儿子能记住教训，纠正错误。但是，这样的教育方式结果并不理想，儿子变得越来越不听话，对父母爱理不理，甚至经常夜不归宿。为了报复父亲，熊斌竟多次跑到父亲负责的区域作案，意图搞臭父亲的名声，使之挨上级领导的批评，丢掉工作。熊斌的行为让父亲气愤不已，却又无可奈何。

据有关调查显示，很多犯案的青少年都经历过溺爱—打骂—放任的家教过程。这些孩子小时候备受家长宠爱，对他们的一些小错误父母也不给予批评纠正，甚至觉得小孩子做这些事情很可爱；到了青少年时期，由于逆反心理作祟，孩子开始变得调皮起来，与家长、老师对着干，这时家长对孩子的教育则由宠爱变为打骂，以为打骂能够让孩子记住教训、纠正错误；最后，这些家长却发现打骂根本不起作用，而家长与孩子之间已然无法交流，亲子关系也接近破裂，于是，父母对孩子绝望了，不再教育他们，任由他们胡作非为，只要不犯大事就可以容忍。

事实上，正是这种错误的家教方式导致了孩子的不健康成长，其中，打骂也起到了推波助澜的副作用。

从心理学方面看，打骂孩子容易使孩子的安全需要、归属需要得不到满足，从而缺乏自信心、自尊心，导致逆反心理更加严重，或更加胆小和自卑，对孩子性格的塑造产生巨大的影响。一些孩子，由于处于父母的打骂教育方式下，为了减少皮肉之苦，积极地采取措施进行自我保护，撒谎、欺骗、威胁等行为就自然而然地产生了。心理学家普遍认为，家庭教育模式是具有遗传性的，类似打骂教育的家教模式会通过父母遗传给孩子，从而对孩子以后的家庭产生不利影响。另外，这种教育方式，会让孩子产生一种"暴力是解决一切问题的万能方法"的错觉，因此，在遇到问题时孩子也会以暴制暴，最后，受伤的还是孩子。

另外，经常打骂孩子很容易让孩子形成"习得性无助"的心理。

"习得性无助"是由美国著名心理学教授西格利曼提出的。他曾做过一个著名的实验：将一条狗放进一个装有扩音器的笼子里，当扩音器发出声音时，笼子会通上强度足以让狗感到痛苦却无损于狗身体的电流。刚开始，扩音器一响，被电击的狗会在笼子里到处乱窜，企图逃出笼子。但经过多次实验之后，这条狗发现自己根本逃不出去时，便放弃了挣扎，躺在地上忍受痛苦。尽管之后实验人员再次给它通上电流，打开扩音器，却将笼门打开时，这条狗依然躺在地上忍受痛苦，没有企图逃跑迹象。这是因为，在经过多次挣扎后，它已经绝望，认为自己根本逃不出去。

之后，西格利曼教授将这条狗放进了一个带有隔板的大笼子，这个笼子被隔板分割成两半，一半通电，另一半没有电流，并且隔板并不高，狗只要轻轻一跳就能跳过去。此外，教授还将另一条没有经历过试验的狗放进这个笼子作为对照。这两条狗都被放进了可以通电的那半个笼子，当扩音器响起、通上电流的时候，那条没有经过训练的狗惊吓之下轻易地跳到了另一边，免除了痛苦；那条经过实验的狗却躺在地上忍受痛苦，眼睁睁地看着另一条狗跳过去而无动于衷。

随后，西格利曼教授还用人做了类似的实验，也得到了一样的结果。

这就是"习得性无助"。当孩子长期生活在打骂的环境中时，会觉得自己一无是处，认为自己无论怎么努力都得不到认可，于是，孩子的精神

就会麻木，从而放弃一切努力，就算成功离自己仅一步之隔也不会为之一试，最终陷入绝望之中。

从社会角度来说，打骂很容易将孩子逼上绝路。因为经常受到家长的打骂，孩子得不到家庭的温暖，体验不到家庭幸福，因此，会厌倦家庭，过早地进入社会，一旦受到不良因素的诱导，后果自是不堪设想。

曾有媒体报道，一个小男孩在生日那天，母亲不仅没有给他买蛋糕，反而因为学习的事情暴打了他一顿，而在此之前也是因为学习上的事情，他常常遭到母亲的打骂，于是，愤怒之下，这个小男孩拿出藏于床下的一把菜刀，伺机冲进母亲的房间向母亲砍去，致使母亲当场死亡。案发后，警方在网吧将小男孩抓获，然而面对警察时他既不惊慌，也表示不后悔，相反，他甚至认为，这些天自己就像出笼的鸟儿，非常快活幸福。他非常配合警方，认为即使是监狱也一定比家里好！不能不说，这个家庭是不幸的，这位母亲是不幸的，而这个孩子又何尝不是不幸的？而这一悲剧的发生，仅仅是因为打骂这一错误的家教方式。不能不引人深思。

因此，在教育孩子的过程中，家长一定要转变观念和态度，将"打骂孩子"的教育方式逐渐转变为"不打不骂"的教育方式。

为此，家长首先要明白生气只会将事情弄得更糟糕，面对孩子的错误，要保持应有的理智，心情平静的时候，再一起和孩子谈论问题。家长要记住，自己的目的是要帮助孩子认识错误，改正错误，而不是通过打骂孩子给自己出气。

其次，家长要耐心地聆听孩子的说法，协助孩子找到犯错的原因。找到原因后，尽可能帮助孩子认识到自己的错误，了解到问题的严重性，以免日后再犯类似的错误。

父母是孩子幼小心灵的依靠，也是孩子为人处世的榜样。在孩子成长的过程中，难免会犯各种错误，因此作为父母要有足够的爱心和智慧去教育孩子，将"打骂"这一粗暴的方式放下，代之以理智和关爱，耐心地引导孩子走向人生的正确方向。

本节家教智慧

　　打骂孩子并不能让孩子真正地认识错误，纠正错误，相反，还会引发严重的后果；而不打不骂的家教方式却能够让孩子从认知上意识到自己的问题，并予以改正。不打不骂的家教才是真正值得提倡的家教方式，才是帮助孩子健康成长的良方！

2

教育孩子不能滥用家长的"权威"

　　很多家长认为：自己是家长，孩子必须听自己的话，如果孩子反驳，那就是顶嘴，是对长辈的不尊重。这样的家长普遍有一种"家长本位思想"，认为一切都得以家长为中心，认为批评孩子是天经地义的，是不容置疑的。

　　在生活中，人们也经常听到父母会对孩子说这样的话："我吃过的盐比你吃过的饭还多"、"我走过的桥比你走过的路还多"等等，言下之意就是作为家长，他经历的事情比孩子多，因此孩子必须听家长的。此外，家长也认为自己总是对的，所以，当孩子的意见与自己的意见不一致时，便总是强迫孩子听从自己的，甚至即使意识到了自己是错的也决不向孩子低头。然而，家长们可曾思考过这样的"教育"方式对孩子会有什么影响？

　　朱坤是一位典型的传统父亲，"家长本位"思想非常牢固。虽然对孩子也很关心，但在孩子面前始终放不下做家长的架子。

　　一天，朱坤因为工作的事情心情不好。回到家后，不小心踩了儿子一脚，他马上批评孩子："你怎么搞的？走路都这么不小心！不知道我要从这过啊！真是的。"

　　儿子的脚被踩了，不但没得到安慰，还莫名其妙地挨了一顿批，心里自然很不舒服，回应道："怎么又是我的错啊？明明是你踩的我，踩人家脚了还批评别人，这是什么道理嘛！"

　　"说什么呢？还敢顶嘴，敢教训老子了？赶紧滚回去做作业去。"意识到了自己的无理，朱坤赶紧把话题叉开，"好好做作业，不准去外面玩。"

"作业早做好了，我要出去玩。"儿子也很气愤。

"不行，作业做完了不会看书啊？不知道复习学过的功课，预习明天的内容啊？什么都要我教。"朱坤严厉地说。

"我就要玩，老师都说要劳逸结合，学习效率才会高。你不也是这么教育我的？"儿子不甘心地说。

"胡说八道，我说了不行就不行，哪那么多废话？我是老子还是你是老子？"朱坤明知自己理亏，但是不甘心给孩子低头，于是拿出了家长的威严。

这个家庭就是一个典型的专制型家庭，在这种家庭中，父亲就是权威，家长只会是对的，就算错了，也容不得孩子来批评。这些家长觉得，在孩子面前认错就是打自己的脸，要是认错了，家长的威严就失去了。而他们却没有意识到，这样的做法不仅难以让孩子信服，而且会影响孩子的世界观，会让孩子认为霸权就是王道。

儿童教育学家指出，随着孩子年龄的增长，自主意识会不断增强，越来越希望自己的事情由自己做主。在这一时期，如果家长不给予孩子足够的民主、平等，孩子就会更加叛逆。而权威性的专制型家庭，更容易使孩子产生反抗意识。所以，家长一定要适时放下自己的架子，不能滥用自己的权威，要懂得民主地对待孩子。那么，作为家长具体应该采取什么样的态度来教育自己的孩子呢？

首先，家长要尊重孩子。很多家长认为自己已经给予了孩子尊重，其实并没有，在许多问题上，很多时候只是象征性地问问孩子而已，最后还是自己做决定。比如，高考的时候，家长都会征求孩子的意见，但是，如果孩子的意见和自己的想法不符，部分家长就会采取冷处理，不再关注孩子的事情，等孩子吃亏了就做事后诸葛亮；部分家长则会声明："我尊重你的意见"，但又无时无刻不向孩子灌输自己的思想，不放过一丝说服孩子的机会。

其次，平等地对待孩子。在孩子的意见与自己相左，或者孩子犯错时，不要不分青红皂白地发火，胡乱批评孩子，而是要静下心来认真倾听孩子的解释。对于事情的处理也要公平，学会换位思考，站在孩子的立场

去考虑问题。对于自己做错的事情家长也要及时地向孩子道歉，家长的认错，一方面会使孩子觉得自己受到了尊重，得到了重视，从而更加珍惜自己的权力；另一方面还会让孩子觉得家长态度很真诚，从而促进亲子之间的关系；此外，家长的这种行为还可以为孩子树立榜样，让孩子知道，无论他是谁，无论处于什么地位，犯了错都要敢于承认，勇于纠正。

最后，家长要多反思。孟子说："行有不得者皆反求诸己。"意思就是说，如果自己的行为或者自己对别人的要求没有做到，那么首先就要反省自身，从自身找原因，进而改正。在家庭教育中也是如此，当孩子对家长的要求不执行时，不要忙着发脾气或批评孩子，而要反省自己，为什么自己的要求孩子不听？是否自己的要求不合理、太过分了？是否自己没有说清楚？抑或是孩子也有自己的事情等等。如果只是一味地要求，不问缘由地批评，妄图以自己的威严压服孩子，这只会让孩子产生更强烈的抵触、反抗情绪，抑或走向另一个极端：形成唯唯诺诺，缺乏主见的性格。

所以，当家长和孩子的意见不一致，与家长产生争辩时，这时家长不应该制止或愤怒，而应该为孩子有自己的想法感到高兴，因为这表明孩子形成了自己的判断，懂得了独立思考。所以，遇到这种情况时，家长正确的做法不是批评孩子，用权威打压孩子，而是平心静气地与孩子进行辩论，阐明各自的理由，最后说服孩子或者认同孩子的观点。这样，既有利于促进家庭的和谐，又能够培养孩子的表达能力和分析能力。

现今社会，很多家长都明白要尊重孩子，平等对待孩子的道理。既是这样，家长就要放下自己的权威，民主地对待孩子而不是专制独裁。不过，很多人虽然明白应该这样做，但潜意识里仍然存在"家长本位"的思想观念，因此，并没有真正从认知上彻底改变，在孩子面前他们依旧很难放下姿态。或许，这些父母能够从名人的经历里获得一些教育启发。

美国总统富兰克林·德拉诺·罗斯福出身于显贵之家，他父亲很有钱，曾学过法律，后来经商。罗斯福出生的时候，父亲年龄已经比较大了，罗斯福还有一个哥哥，不过很早之前就已经离家在外。无疑，罗斯福的诞生给这个原本就幸福的家庭带来了更多的欢乐。因此，小罗斯福就成了父母的心头肉。但是，老罗斯福夫妇并没有因此而溺爱于他，而是对他严格要求，特别是罗斯福的母亲。她对儿子的作息做了严格的规定：早上7点钟起床，8点钟吃早点，每天上午跟随家庭老师学习三小时，下午吃完饭后再跟随老师学习到4点，之后才有时间自由活动。从这一细节可以看出，小罗斯福的母亲对他的严格要求。

虽然母亲对小罗斯福的管教很严格，但也十分民主。小罗斯福觉得母亲定的作息时间表没有考虑自己的意见，于是提出了抗议，要求母亲考虑自己的感受，对作息时间表做出一定地修改，给予自己更多的自由活动时间。母亲接受了他的抗议，并予以认真地考虑，最后决定每周给小罗斯福放一天假。而在平时，罗斯福晚上带着一身的疲惫与泥巴回家时，母亲也没有说过任何指责的话，因为她知道这是罗斯福自己的事情，她尊重罗斯福，没必要过多地干涉他的活动。

罗斯福的母亲懂得尊重孩子的需求，满足孩子的需要，在教育孩子的过程中，虽管教严格但不束缚孩子的发展，可以说小罗斯福母亲的教育方式，对罗斯福以后的人生起到了巨大作用。

由此可见，教育孩子时不滥用家长的权威，平等对待孩子，在严格管束孩子时，给予孩子一定的自由空间和发表言论的权力多么重要。所以，家长在教育孩子时，应做到严格而不专制，民主而不失威仪。要做孩子的权威，更要成为孩子的榜样。

本节家教智慧

家长有自己的权威，但不能滥用，要民主地对待孩子，尊重孩子的需求。"金无足赤，人无完人"，所以，家长要放下自己"家长本位"的观念，约束自己的权威，认真听取孩子的意见；放下身段，勇于向孩子承认自己的错误。须知，只有通过平等的交流才能与孩子达成共识，从而促进家庭关系的和谐。

3

父母不是家里的统治者

　　每个父母都希望把自己的孩子培养成才，然而很少有人能把握好这个"度"字，要么爱至于溺，要么严至于统治者。溺爱孩子会使孩子缺乏独立性，不会分享，过于以自我为中心；而过于严格又会导致孩子的性格走向极端，或暴烈叛逆，或胆小怯懦。

　　李红军最近感到很闹心。他觉得自己的儿子俊义一点出息都没有。上次好朋友刘建国带着儿子刘平来家里做客，李红军一见刘平就喜欢上了这孩子，谈吐温文尔雅，举止落落大方。再看看自己的儿子俊义畏畏缩缩，客人来了也不知道打招呼，躲在自己的房间不敢出来，把他拉出来后，他也是十分拘束，躲在自己身后，朋友和他打招呼他也不知道回礼，这让李红军很是生气。朋友走后，李红军就把儿子好好训斥了一顿，并让他向刘平学习。

　　李红军始终也想不明白，自己的家教哪点比不上刘建国？李红军出生于六十年代末，虽然那时候生活艰苦，但自己是老李家唯一的血脉，因此，父母还是把自己当做宝来对待，宠爱有加。拿现在的话来说就是过于溺爱了。以前年纪小不懂事，父母溺爱，自己也很高兴。可是出来工作了才知道，父母的溺爱对自己的伤害有多大，生活自立能力差，又骄横无理，以自我中心，等等，这些对自己的人际关系以及前程都产生了极坏的影响。深知溺爱之害的李红军为了让孩子不再像自己一样，在儿子很小的时候就开始了对他的严格管教。从起床吃饭到学习休息，都有严格的作息时间表，不允许俊义犯一点错误，如果俊义没有按照作息表做，或者犯了错，李红军便拿起扫帚就打，也不允许儿子躲开，否则会打得更狠。在家，什么事情都是李红军说了算，不允许儿子有任何异议。而且李红军在儿子面前，他永远都是板着一张脸，不苟言笑。对儿子说话也从来都是命令式，"你把地拖了"、"去把数学书第 15 页到 50 页看完，练习做完"等等。

自己对儿子要求严格，按理说应该比刘建国教育得更好才对，况且自己也经常教儿子礼仪方面的知识，可是为什么还会这样呢？对此，李红军实在想不通。

其实，李红军的想法是没错的，家长的确不能溺爱子女，过于溺爱会影响孩子的身心发展，影响其以后的成长和职业规划；然而对孩子过于严厉也不好，那样往往会让孩子变得胆小，没有主见。

在家庭教育中，对孩子严格要求没有错，但有些家长不懂得尊重孩子，就像李红军。他不明白孩子也有尊严，也有自己的思想，特别是当孩子进入青春期后，思维有了很大的发展，对于很多事情都有自己的观点，渴望独立，对于自己以后的发展多少有了自己的一些规划。他们也渴望按照自己规划好的架构去发展。而这时，家长如果继续控制孩子的思想，独断专行地替孩子做决策，就会严重影响到孩子的性格发展。因此，在这种家庭中成长的孩子要么非常听话，没有自己的主见，像故事中的俊义一样；要么非常反叛，难以管教，以致酿成严重的后果。

生活中，许多家长很容易犯的一个错误就是将自己的意志强加在孩子身上，将自己的希望强行寄托在孩子身上。作为家长一定要明白一点：孩子的人生是自己的，家长所要做的仅仅是指导、协助孩子成长。

李国豪院士的教子经就是现代家教的典范。

李院士是驰名中外的桥梁专家，将一生都奉献在了桥梁的建设上。武汉长江大桥、南京长江大桥上都洒满了他辛勤的汗水。他一直希望能够为祖国建设更多更先进的桥梁，可惜那时科技有限，未能如愿。为此，他也像很多家长一样希望子女能够继承自己的事业。然而李国豪院士从事教育事业多年，也深知孩子有孩子的人生道路，不能将自己的意志强加在孩子身上。所以，他只是向子女表达了自己的意愿，却没有强迫孩子一定要继承自己的事业，而是尊重他们的选择。大女儿喜欢医学，于是，他尊重孩子的选择，让她报考了上海医科大学；长子中学毕业后考取了炮兵工程学

院，学习机械制造；次子爱好历史，一生从事历史研究工作；幼子从事的是无线电通讯事业。四子无一人继承了他的事业，而李国豪院士也未曾感到遗憾，他觉得孩子们都有自己的选择做父母的不应该干涉，相反，应该支持、帮助他们，让他们在自己热爱的领域做出成就。

每一位家长都关心自己孩子的成长，但是由于许多家长不愿放下家长的架子 "蹲下来"、"坐下来" 和孩子说话，当孩子在成长中遇到难处时，家长明明有这方面的经验，能够指导和帮助孩子，却因为居高临下的姿态、命令式的语气而让孩子产生反感，错过了正确引导的大好机会，让孩子走了弯路。

孩子经验少需要长辈的帮助，特别是青春期的孩子，他们内心时常会觉得很孤独，认为世界上没有人了解自己，而家长就应该在孩子的成长过程中，成为他们的朋友，分享他们的心事。家长们更要懂得，孩子有他自己的人生，有自主选择的权利，家长不能根据自己的喜好，去决定孩子未来的发展，不能以独裁式的教育方式，对孩子事事干涉和约缚，要懂得尊重孩子的人格，这样，孩子才能健康地成长。

本节家教智慧

　　家长不能做家庭的统治者，动辄大声呵斥孩子，对孩子的过错，不分青红皂白就强加指责，孩子虽小却有自己的尊严，家长要尊重孩子的意愿，不强行干涉孩子的发展。真正地走进孩子的内心，帮助孩子顺利成长。

4

一次拥抱，胜过十次说教

　　心理学家研究表明，人类心理与精神发展的一个重要因素就是拥抱，它可以慰藉心灵。美国著名的心理学家郝罗德·福斯博士研究发现，拥抱能够增进父母与孩子之间的感情，而且经常拥抱孩子可以增强孩子的心理素质。实验证明，经常被父母拥抱的孩子的心理素质比与父母关系紧张的孩子的心理素质相比要高很多。

　　拥抱，是一种无形的力量。家长在拥抱孩子的时候，不仅能让孩子感到放松，还能够向孩子传递自己的力量，让他们体会到父母对他们的支持与理解，使孩子变得更加振作、坚强，而不会感到孤独、无助。

　　球王贝利小时候生活在巴西海岸线附近的一个非常贫困的小镇子，父亲是一名因伤退役、穷困潦倒的足球运动员。贝利从小就显示出了超高的足球天分，也非常喜欢踢足球。可是家里很穷，根本无力购买足球，于是，为了鼓励贝利努力踢足球，疼爱他的父亲用旧袜子、旧报纸、破布等为贝利自制了一个"足球"。此后，在家门附近坑坑洼洼的街道上时常可以看见光着又黑又瘦的背脊踢足球的贝利和他的小伙伴，他们赤着脚向空想的球门射去。

　　在贝利10岁的时候，他和伙伴组建起了一支街头足球队，经过长时间的练习，他们的球队渐渐有了名气。因为在巴西，足球对于人们的生活来说，有着举足轻重的意义，所以，镇上已经有不少人开始关注这支球队，并常常与富有足球天分的贝利打招呼，有人甚至还给贝利敬烟。由于长期生活在物质贫乏的家庭，贝利非常享受这种受人尊敬以及吸烟带来的感觉。慢慢地，贝利染上了烟瘾。可是，贝利买不起烟，所以，在犯烟瘾的时候，他便向别人要。

一天，贝利在街道上向人要香烟时，刚好撞上了他父亲。父亲感到非常惊讶，一瞬间脸色变得铁青，眼睛里也充满了浓浓的失望与忧伤，贝利甚至能感受到父亲心中压抑着的熊熊的怒火。贝利害怕地低下了头，默默地跟着父亲回了家。

回到家后，父亲询问贝利抽了多久的烟，"仅仅吸过几次而已。"他并没有说实话，心想："这次惹得父亲如此生气，不知道会受到怎样的惩罚。父亲从小没有打过我，可是这次他这么生气，我还撒了谎，看来是难逃一打了。"突然，父亲猛地抬起了手，贝利吓得全身肌肉紧张，不由得双手抱头，心想父亲真的要打自己了。然而，贝利并没有迎来父亲的耳光，而是身体一紧，被父亲紧紧地抱在了怀中。

父亲抱着贝利说道："孩子，你很有天分，以后肯定能够成为一名伟大的足球运动员。但是你要爱护自己的身体，如果你现在就染上了抽烟、喝酒的恶习，如何能够在90分钟里一直保持足够的体力，发挥出最高的水平呢？那样，你的足球生涯就到此为止了。以后该怎么做，你自己好好想想吧！"说完，父亲放开贝利，还从干瘪的钱包里掏出仅有的几块钱递给贝利，并说道："如果你实在想抽烟了，就拿着这些钱自己去买吧，总是向别人要会让人看不起的。"

父亲的举动，让贝利感到很羞愧，眼泪夺眶而出，他知道自己错了。

自此以后，贝利再也没抽烟，也没有染上过任何恶习。他以超乎想像的足球天赋和高尚的人格魅力被誉为二十世纪最伟大的足球运动员。

多年后，已是一代球王的贝利，仍然没有忘记当年父亲给自己的那个拥抱，他说："我的今天可以说是父亲挽回的，当时我差一点就踏上了歧途，是父亲温暖的拥抱提醒了我，这个拥抱比多少耳光都更具力量。如果当时父亲给我的不是拥抱，而是耳光与教训，或许今天坐在这儿的就不是我了。"

拥抱比语言所能传递的东西要多得多，是所有非言语行为中最有力量的一种。然而，很多家长却忽略了这一点，特别是受中国传统家庭教育观念影响的家长，他们更不善于用非言语的行为来表达自己的情感，在言语表达时也不会注意到要关注孩子的感受，而是经常以一种高高在上的姿态对孩子进行训斥、说教。而事实上，说教并不一定能达到家长想要的效果，甚至还会与设想的结果背道而驰。

拥抱不仅能传递力量与温暖，对孩子的身心发展也具有重要的作用。

在阳光福利院里，人们发现这样一个奇怪的现象。虽然福利院拥有良好的物质条件，但这些孩子却发育得很慢，体质也很差，有些孩子甚至精神恍惚、目光呆滞，对此，人们百思不得其解。按理说，他们的吃、穿、住并不比外面的孩子差，甚至更好，应该发育得更快、更好才对啊，可是为什么会出现这种情况呢？后来，院长请来了科研工作者，经过研究发现，这些孩子没有正常家庭孩子发育得快和好的原因竟然是这里的孩子缺乏抚摸、拥抱。

心理学家的研究也曾表明，爱抚和拥抱对孩子的发育是非常重要的，经常爱抚、拥抱孩子可以让孩子感受到温暖、满足以及让孩子有安全感，对孩子的成长具有重要作用。然而，许多家长却忽视了拥抱的作用。

所以，大多数家长，在教育孩子的过程中，只注重说教，而一味地说教只会让孩子更加逆反，若随意打骂则更是雪上加霜。不要说孩子，就算是成人，对于纯理论的说教都会感到反感，况且孩子思维结构尚未成熟，过多的理论他们并不能理解。相反，还会觉得这些理论都是家长的借口。而拥抱，却能够在无形中给孩子传递力量、信念，让孩子感受到父母的鼓励与支持。一次拥抱胜过十次说教。因此，在孩子成长的过程中，父母要多给予孩子一些拥抱，而不是冷脸、训斥和打骂。

本 节 家 教 智 慧

拥抱，不仅仅是一种行为，更是一种认可、一种鼓励、一种理解。无论孩子做得对与错，请家长给予孩子一个拥抱。孩子做对了，一个拥抱可以让孩子感受到家长的认可、支持；孩子做错了，一个拥抱可以让孩子感受到家长的理解和鼓励。

第三章

避免与孩子发生冲突的六大技巧

——少一点说教，多一点尊重

　　世界上没有谁能说自己的孩子从来不犯错，孩子犯错很正常。在孩子的成长过程中，孩子和家长发生意见不和，发生冲突也是常有的事。那么，有没有什么技巧可以避免与孩子发生冲突呢？

　　家长在教育孩子时，更多的是需要抓住契机，在孩子犯错的时候给予积极的辅导。第一，要善于沟通，在沟通的过程中让孩子正确认识到自己的错误；第二，要善于批评，让孩子充分明白家长为何要批评他，从而引导孩子养成优良的品德。

　　无数事例证明，传统的打骂教育已经不再有效，它对于正确引导孩子没有积极作用，孩子只有在正确的教育方式下，才能更好地成长。而正确的教育方式，也是建立良好亲子关系的前提。因此，为了赢得孩子的尊重，家长们不妨学习一套完备的教育技巧，以避免在教育孩子的过程中与孩子发生不必要的冲突。

对待淘气的孩子，多一点宽容

日常生活中，家长和孩子时常会发生一些冲突，处理不好则有可能影响亲子关系，危害家庭和睦。那么，如何避免发生这样的事情呢？儿童心理学专家的观点是，避免冲突需防范于未然。儿童心理学专家认为，家长在避免和孩子发生冲突的问题上存在一定技巧。

首要的一点是，对待淘气包，请多一点宽容。

每个孩子都会有淘气的时候，淘气虽然没有漂亮的礼带，却是上帝亲手送给每一个孩子的礼物。面对孩子的淘气，家长要善加利用和引导，而不应失去耐心，武断无理地用打骂来处理孩子的淘气行为，造成双方情感交流的不畅。

家长在孩子淘气的时候应该多一些宽容，少一些打骂，多一点从容，少一点烦躁。

虽然人们都说，"儿子淘，以后壮，丫头淘，以后俏。"可面对淘气的孩子时，家长们更多的往往是不理解、气愤和无奈，进而对孩子非打即骂。为什么会这样呢？原因大致有以下三点：

第一，孩子太淘气会影响到家长的传统教育方式。

虽然封建制度已经逝去很久，但中国人的教育模式仍然是传统的填鸭式教育。家长在评判孩子的行为时，首先便是从自身观念出发，故而淘气很难在家长的观念里占据一席地位，在这样的心理暗示下，家长通常会认为孩子淘气是一种错误的行为，所以，对淘气的孩子进行责罚便成为家长认为的正常的行为。

有一次，小仲马看到花园里的一朵茶花正开得浓艳，可是茶花的整个根部都被人拔起来了，怕是活不了多久。小仲马很担心茶花这样下去会枯死，便小心翼翼地把茶花的整个根都刨出来，带回家用土养在了阳台上，准备自己亲自照顾它。

下午，他的奶妈从外面回来后看到阳台上的茶花，以为是小仲马淘气，把茶花摘了回来，便不问青红皂白地把小仲马训斥了一顿，小仲马没有多做解释，只是回到自己的房间继续看书。奶妈认为小仲马不尊重自己，就去向大仲马诉委屈，并哭着说："您的儿子确实很尊贵，可是我毕竟是他的奶妈，看在上帝的份上他也不能这么蔑视我。"大仲马找来儿子，详细地问清楚了事情的来龙去脉，不仅没有责备儿子反而夸赞他聪明善良，而一旁站着的奶妈，听了事情的经过后，也羞愧地捂住了自己的脸。

在这里，奶妈之所以会搬起石头砸自己的脚完全是源自于奶妈的自我意识过强，一看到茶花，就想当然地认为是小仲马犯了错，而没有考虑到他这么做的原因，大仲马则不同，他详细询问了事情的真相，因而赢得了小仲马的尊重。许多家长常常因为自己根深蒂固的观念就主观地认为孩子做的不对，这种思想会严重破坏父母与孩子之间的关系。在孩子的教育中，家长应将小仲马奶妈的做法引以为戒。

第二，孩子的淘气会使家长的权威受到挑战。

生活中，有些孩子行事随意，还有些孩子喜欢提问题，有些问题经常让家长瞠目结舌，无话以对，最终只能利用家长的权威搪塞了之，所以，在很多家长心里这样的孩子很淘气。

劳拉是美国加州的一个三岁小女孩，劳拉的父母要经常加班，所以她一直都和奶奶生活在新泽西。一个星期天，妈妈来接劳拉，在路上她问了妈妈许多问题，妈妈被她问得很烦，就说："劳拉，妈妈平时上班也很辛苦，今天我们母女就好好休息一下，你别总一直问我问题好不好？"劳拉正说在兴头上，哪里愿意停下，她继续说道："妈妈，就最后一个问题，菜西的妈妈说菠菜能补铁，这个铁是磁铁的那个铁吗？"妈妈点点头，劳拉更加不解了，"可是，为什么是同一个铁，磁铁却吸不住菠菜呢？"妈

妈一时找不到可以解释的回答，只能蹲下身对劳拉说："这个妈妈真不知道，可是劳拉，你和奶奶在一起也有这么多问题吗？快别淘气了，先跟妈妈回家。"劳拉呆在原地，任凭妈妈怎么向她招手也不挪动脚步，嘟着小嘴，气冲冲地逃回奶奶家，大喊道："你是坏妈妈，我再也不要理你了！"

或许劳拉的问题看起来很幼稚，在家长心里觉得这些问题毫无意义，所以他们不是不能回答，只是不想为这些问题花费精力，于是便习惯性地给孩子戴上淘气的帽子。

第三，孩子淘气的代价有时候会很惨重。

淘气和破坏是一对孪生兄弟，一旦淘气出现就少不了"破坏"的粉墨登场，因此这对如影随形的好兄弟总是让家长感到头疼，无论这种破坏是经济上的还是身体上的，对家长来说都是件麻烦事，由此难免对淘气心生忌惮。

爱因斯坦从小对所有的事物都很好奇，但他小时候却并不受老师的喜爱。

一次在上课的时候，爱因斯坦无心听课，开始研究自己的手表，当时那块手表能当得上全家收入的一半，他用笔杆在表面上东敲西敲，可是这样并不能看出什么门道。于是，他翻出书包里的螺丝起子，沿着螺栓把表给拆开了。下课后，课桌上全是拆散的零件，老师看到他桌上的零件很生气，就把爱因斯坦的爸爸请到了学校来，爱因斯坦的爸爸看见自己儿子的行为，顿时气不打一处来，既心疼手表又担心爱因斯坦被学校开除，回家后严厉地教训了他一顿。

殊不知，孩子刚刚来到这个世界的时候，什么都不懂，所以当他们大脑开始有一定意识的时候会对周边的世界产生强烈的好奇，很多发明家的特殊思维都是在这一段时间产生的。因此，家长应该放宽胸怀，及时给予孩子帮助和谅解。淘气是孩子的天性，作为家长要包容和理解，并趋势利导，这才是上策。

本 节 家 教 智 慧

孩子是个多面体，没人知道这个多面体最后哪一面会成为主导，他们的内心世界往往是多种多样的，所以对待淘气的孩子，多一点宽容，多一点成全。

2

放下架子，和孩子交心

　　孩子是个独立的生命，无论他多年幼都有自己的想法，不要过分地限制他们，和孩子好好相处的秘诀在于沟通，所以，避免和孩子发生冲突的第二个技巧就是：放下架子，和孩子交心。

　　为人父母，对怎样教育下一代的问题，都很关心。而在教育孩子的过程中，往往会出现许多问题，甚至会与孩子发生争吵和冲突。对于这个问题，家长总有自己的看法，或许他们觉得自己的经验比孩子丰富，便要求孩子照他们的设想去生活，并且要对他们言听计从，却不知道这样只会让孩子反感。每个孩子都有自己的主见，他们渴望和父母交心，渴望得到父母的认可，渴望得到父母投射来的欣赏的目光。近年来，越来越多的家长反映，孩子越长大离自己也越来越远，什么心事都不和自己说了。那么，作为家长，怎样做，才能让孩子和自己越走越近呢？有相关报道证明，在轻松的交谈氛围下和孩子沟通能有效拉近距离，因此，为了更好地与孩子交流，父母们应该学着脱下自以为是的面具，真真实实地和孩子交心，只有这样，家长才可以和孩子靠得更近，争吵、异议也会越来越少。当孩子和父母成为无话不谈的好朋友时，谁也不会再疏远对方，谁也不会再和对方过不去了。

　　孩子听话，妈妈放心，可是妈妈的话也并不都是对的。那么，若是任由孩子自由成长，在成长过程中出现的问题又该如何解决呢？

　　面对这些疑虑，家长应该对孩子多一些理解，首先，应该意识到他和孩子是处在两个年龄段的两代人，思维方式难免会有差异，作为孩子比任何人都渴望在肯定的目光下长大，所以家长必须给予孩子多一些信任与尊重，如果家长能做到心平气和，不焦不躁地和孩子讨论问题，大多数孩子也能做到通情达理，与家长相互谅解，这样一来，事情就好解决多了。

家长不要总想着怎么改变孩子，要学会站在孩子的立场考虑问题，找出原因循序善诱，这样培养出的孩子既不会失去自己的天性，又可以在遇到事情时从容应对。所以，父母想要避免与孩子发生冲突就需要用心看、用心想、用心做，这种努力是双方的，家长无论多忙，都要学会放下架子，和孩子交心，平心静气地和孩子交流。

不少朋友都听过海伦·凯勒的故事，其实，在她还没有完全成长为一个作家之前也曾是个问题少女。

海伦出生后的第十九个月突然失明失聪，之后她便性情大变，直到她最重要的人——莎莉文老师到来之前，她的脾气都十分怪异、暴躁，几次差点摔死自己的小妹妹，而父母因为对海伦抱有愧疚，又忙于照顾刚出生的小妹妹，根本无暇顾及海伦，所以，双方之间的交流更少了。

后来，父母为她请来一位盲人教育专家——安妮·莎莉文老师。莎莉文从家出发搭乘马车来到海伦家，才刚下马车，便看到一个棕色头发、面目凌乱的女孩子，她身上的衣服被雨水打湿，像只落水的小猫，这时，还没来得及打招呼，莎莉文已被海伦正面撞翻，海伦发疯似的冲向这个乘马车过来的女人，并迫不及待的翻开对方的箱子，结果大失所望，重新爬起来，打算再翻对方的上衣时，被她父亲强行拉开，父亲一边拉还一边责骂女儿的无理。

第二天一大早，海伦又爆发了一次"早餐风暴"，海伦的父亲见到女儿还不知错，一气之下跑了出去，而她母亲则忙着给小妹妹喂奶，最后只剩下小海伦和莎莉文两人留在饭厅里。但在莎莉文老师的悉心指导下，后来海伦·凯勒渐渐转变了性情，并在莎莉文老师的帮助下学习了五国语言，创作了一系列著作，最后成为了美国著名的作家。

最初见到莎莉文老师时，小海伦为什么会有那样的反应呢？事情的真相在多年后海伦的一本自传里谈到，海伦自从失明失聪后，很难再找到饼干，以前在摇篮里总能找到，可是自从妹妹出生后，每次都只能摸到一个软软的小东西，父母在妹妹出生后对她也没有了以前那般的细心，于是，海伦想着坐马车远道而来的客人一定会有饼干和糖果。可是，对于海伦的

行为，海伦的父亲并没有多问，甚至连多说一句话都不愿意就摔门离去，这样的长期生活在缺失交流的家庭中便很容易解释为何海伦会变得性情暴躁。

可见，家长对孩子的态度会很大程度地影响孩子，家长在与孩子相处时，要像朋友一样真诚，在合适的时候给予正确引导，尤其是在孩子情绪变化较大的时段，应多多与之交流，给予关心。这才是父母最需要重视的。

本 节 家 教 智 慧

犹太人不一定是世界上最优秀的种族，但一定是最重视教育的民族，在他们的世界里，教育下一代是一笔财富，更是一种力量。犹太人的教育智慧集中表现在交流沟通上，他们认为有效地和孩子交流、交心能代替很多无谓地打骂。可以说沟通是父母与子女避免矛盾分歧的最好途径。

3

少干预，多引导

　　强加干预、打骂教不出好孩子。任何时候，在教育问题上都不能缺少理解和引导。面对走向青春期的孩子，许多家长只会加重担忧，对孩子的很多事多加干扰，甚至强行"镇压"孩子的一些言行，可是血气方刚的孩子怎么会轻易妥协呢？于是，在许多家庭中，"冲突"、"矛盾"、"争执"便如影随行，以致使家长与孩子之间的感情交流出现障碍。因此，为了防止这些情况的发生，家长需要学习一些能避免与孩子发生冲突的良方技巧。德国著名的教育心理学家认为，"少干预，多引导"是和孩子和平相处的不二法宝。

　　千年前，孔子就提倡有教无类，他说，"独学而无友，则孤陋而寡闻。"千年后，当曲阜的桃李天下已成过往，家长们还能从这些只言片语中读到很多。

　　孩子也会寂寞，他们在孤单胆怯的时候需要朋友，需要同龄人的劝慰，在这个问题上，孩子和家长的理解又是不同的，孩子认为交朋友是一种与外界沟通的方式，而家长却认为"近朱者赤，近墨者黑。"孩子择友应该由家长把关。结果，家长一心想为孩子剔除有碍他们成长因素，可是却让孩子处于更加荒芜的境地。所以，家长应该对孩子少干预，多引导，这才是与孩子避免冲突发生的技巧。

　　孩子渐渐长大了，他们和成年人一样希望得到他人的接受和喜爱，正如德国心理学家斯普兰格所说的那样："没有人比青年人从孤独小房里用更加憧憬的眼神眺望窗外的世界，没有人比青年人在深沉的寂寞中更加渴望接触和理解外部的世界。"青少年时期的孩子会以一种审视地目光打量自己和周围的人，这个时候家长应该做的是，多给孩子一些建议，并适当

地"放手"。具体应该遵循以下几点：

第一，融入孩子的内心世界。

想减少和孩子的冲突就必须了解孩子，掌握他的内心世界，真正站在他的立场去思考问题。和他一起滑冰，一起观赏风景，看一本书，听一首歌，这样才能了解孩子，懂得他的世界观，与孩子沟通起来才能更方便，也才能有效避免冲突的发生。

俄国作家高尔基一生创作过《童年》、《在人间》、《海燕》等不朽名著，可是有谁想过这样一位高产作家，只接受过一年的小学教育。高尔基能写出这么多瞩目的作品与他祖母对他的悉心教育是分不开的。

高尔基六岁的时候便和祖父祖母一起生活，祖父是个很苛刻的人，但是，他常常夸赞高尔基有一个像石头一样的脑子，一旦记下就擦不掉，因此，他对高尔基很苛求，总是要求他背出整本整本的书。

可高尔基的祖母却不同，她是个平凡的女人。祖母从不勉强小高尔基背什么，只是喜欢和小孙子腻在一起，一起跳舞、歌唱。她知道很多传说、民谣，并把这些故事编成歌曲唱给小高尔基听，书本上那些枯燥的民谣故事在祖母嘴里变得有滋有味，这些故事为高尔基以后的文学创作提供了很多素材，而祖母也给高尔基留下了无限回忆。

高尔基的祖母一直和高尔基保持密切的朋友关系，她虽然文化程度不高，却懂得如何融入孩子的内心世界，寓教于乐，这点很值得现在的家长学习。

第二，摸索出孩子的优点。

进步和成功是不可能一步完成的，它是一个循序渐进的过程，"不积跬步，无以至千里；不积小流，无以成汪洋。"作为家长，要善于发现孩子的优点，并多加引导。家长与孩子的共同语言多了，冲突自然就会减少。

台湾著名女作家三毛的一生可以说是一幅声势浩大的山水画，但是，她的求学之路也并非一帆风顺。

三毛初二那年因为墨水事件，离开学校开始在家学习，三毛喜欢看书，母亲就为她买了许多小说，在那段日子里，三毛大部分时间都呆在书房里，她阅读了大量的中外名作，并在音乐、绘画上都有了长足进步。正是母亲这种看似放任的教育模式让三毛在长达七年的"自闭"时间里积累了深厚的文学底蕴。

可以说，赏识孩子，耐心观察、发现孩子的长处，积极鼓励并将孩子的长处放大，也是家长的职责。

第三，切莫过多干预。

孩子在与人交流相处中也有很多自己的想法，他们知道自己想要的是什么，不想要的是什么，所以，家长不要总用自己的观点约束孩子，过分的关注只会引起孩子更多的不满。

对于孩子的一些做法，家长可以抱着"放手"的态度，切莫干预过多。

第四，不要堵死孩子争辩的路口。

人际关系学家认为，争辩能帮孩子形成良好的口才和自我感觉，在争辩的过程中，孩子学会如何表达自己，并且使自身受到重视，十分有利于孩子自信心的培养。

成年人有一个通病，就是喜欢把自己的观点强加到孩子身上，不给孩子争辩的机会。然而有关研究表明，孩子在争辩时大脑活动是最剧烈的，多多争辩可以促进他们的大脑发育，所以，家长应该让孩子有更多争辩的机会。

第五，给孩子多一些肯定。

打骂改变不了孩子，家长应该学着多给孩子一些肯定。"莫以善小而不为，莫以恶小而为之"，其实教育孩子也是这样，孩子做对了事情，家长哪怕给予一个微笑也是一种认可，这样，以后孩子再遇上同样的事情时，他们也会这么做甚至会做得更好。如果孩子做错的事，家长也应该耐心地开导、谆谆地教诲，一味的责怪对教育孩子完全没有作用。

爱迪生小时候家里并不富裕，父亲务农，母亲南希是个接受过多种教育的女性，性格开明。小爱迪生在美国俄亥俄州的小镇长大，他从小就喜欢观察自然界万事万物的变化，总是会问妈妈很多问题，南希觉得这是儿子好奇心的表现，因此每次都会耐心回答。

后来，爱迪生上学了，他依旧有众多问题，甚至多次质疑课本的答案，这令老师很头疼，一次，上完数学课后，爱迪生问老师为什么二加二一定是四，而不是其他的数字。老师当场就骂他是个呆子，并怀疑他有很大的学习障碍。

母亲听说这件事后，觉得老师简直不可思议，她认为无论老师还是家长，都要有一颗善于发现的心，将孩子的长处找出来，细心引导，怎么能把孩子的长处当缺陷随意践踏呢？于是爱迪生退学了，母亲南希就在自家的院子里当起了爱迪生的老师，春天，它教孩子算数；夏天，她给孩子上世界历史；秋天的时候，她为孩子朗诵诗歌；冬天，她和孩子围着火炉探讨物理化学。她利用一切可利用的资源为孩子创造了一个实验室，爱迪生便照着书上的知识开始做实验。在母亲的引导下爱迪生坚持自学了许多科目。每次，当爱迪生有所成就时，母亲都会称赞他，并鼓励他继续干下去，就是在这样的鼓励下，爱迪生才能在一个又一个没炭火、没食物的艰苦日子里继续他的实验。

由此，人们应该得到这样一个启发，作为家长对孩子要多加引导，而不是强行干预，或不分青红皂白地打骂孩子，这样才有利于孩子更好地成长。

本节家教智慧

德国心理学家安格列卡法斯认为："两代人之间的争论，是下一代人走上成人之路的第一步。"所以，对待与孩子之间的冲突，家长应该淡然，教育孩子时，既不要过分约束孩子，也不能放任其随波逐流，少干预，多引导，在一张一弛间稳住重心，这便是减少与孩子发生冲突的最佳技巧。

用积极的行为影响孩子

日升日落、上学下课陪伴着孩子长大的不是老师，而是家长。孩子的可塑性很强，家长生活节俭，孩子便能学会勤俭持家；家长工作认真，孩子便能学会努力积累；家长尊老爱幼，孩子便能学会爱护老幼，家长的行为一直在潜移默化地影响着孩子。如果家长平时满口粗话，动辄与人大打出手，那么，在这样环境下成长的孩子，性情又能好到哪里去？他们也会学着满口脏话，打骂闹事。若家长、孩子都是这个样子，家庭又怎能和睦？所以，家长用积极的行为影响孩子，协助孩子养成一个好性格可以大大降低孩子与家长发生冲突的几率，良好的行为模式和语言是杜绝冲突的重要手段。

父母的言行对孩子在以后生活中认知事物起着决定作用，苏联有句名谚："母亲之恩，水不能溺，火不能灭。"妈妈对孩子付出的关心越多，孩子对父母也就越会心存感激。但是如果将来孩子回忆起父母的时候，记忆中都是父母恶言相加、自私利己的行为，那么孩子对父母的怨恨之心也会像火、像水一样不能灭、不能溺。

不少看过《阿甘正传》的人都会对这样一句话印象很深："妈妈是我最伟大的老师，一个充满慈爱和富于无畏精神的老师。如果说，爱可以像鲜花一样甜美，那么我的妈妈就是那朵最甜美的爱之花。"

《阿甘正传》曾以 6.7 亿的票房席卷全球，那么这部影片是一种什么力量让人们为之动容呢？面对大家都认为无可救药的阿甘，他的母亲却没有放弃他，而是用最大的爱和关心呵护着自己的儿子，她从不苛责儿子，也不打骂儿子，在适当的时候她会以自己的行为身体力行地教育儿子。无疑，阿甘的母亲是成功的，她用自己的行为为儿子树立了一个良好的人生观，所以，

她和孩子之间没有冲突，也没有争辩。究其原因，她所使用的技巧就只有"身体力行"这四个字，是她用积极的行为影响了自己的孩子。

每个人的成长都离不开家长的教育，家长是孩子的第一任老师，家长的很多行为会在孩子的脑海中留下深刻的印迹，并影响他们一生。如果家长好勇斗狠，得理不饶人，那么，也会在孩子心里种下好勇斗狠的种子，在这样的情况下，孩子一旦和家长发生冲突，双方都不是容易罢手的角色，结果可想而知。

简生活在密西西比，在老师和同学眼里一直都是一个很快乐的小姑娘，可是，这几天她都不怎么说话，别人问她怎么了她也不回答。经过一番查访老师终于知道，原来前几天简和父母大吵了一架。起因是是简的妈妈在和她沟通时用词粗鄙，了解了原因之后，老师特地找来简，让她晚上回家后用同样的话回敬她妈妈。

晚上，简回到家后又和妈妈大吵了一架，不过这次不同，妈妈每骂她一句，她就回敬妈妈一句，把几十年所听到的骂人的词汇全用上了，妈妈突然停下争吵，气恼地看着简："你这些话哪学来的？"简不急不忙地说道："这些都是妈妈你最喜欢说的，今天老师让我和你这样说就是要气气你，让你学会注意一下用词。"

简和妈妈的冲突在于她妈妈从不注意自己的用词，如果简真的因为受到妈妈的影响而变得满口粗鄙，那么这场战争恐怕就不会这样草草收场了。"父母爱其子，则为其计之深远。"父母对孩子的影响是最深远的，要先教孩子必先控制自己的言行，如果父母连自己的言行都控制不了，不能作出积极的行动，那么哪还有资格去教育孩子呢？

本 节 家 教 智 慧

"父母爱其子，则为其计之深远。"为孩子塑造一个完美品格比教授他知识更重要，而家长的行为对孩子的影响最是深远，所以与孩子相处时，切忌不拘小节，这是避免与孩子发生冲突的技巧之一，也是极为关键的一条。

5

幽默的语言能简化冲突

在孩子的成长过程中，与父母发生冲突、争吵是在所难免的事，而这时，一句幽默的话语，往往可以起到化解冲突的作用。在幽默的语言下，就算有再大的冲突也能烟消云散。所以，练就幽默的语言也是避免、化解与孩子冲突的一大技巧。

家长的行为在很大程度上影响着孩子，一个家长如果善于使用幽默的语言，那么，孩子也会在耳濡目染之下学会交谈的技巧。

而幽默的语言是一股强有力的力量，它能瞬间拉近人和人之间的关系。

二战时期，英国有名的铁将军——丘吉尔循例开会，会议上有人送给他一个包裹，包裹里面就只有"笨蛋"两个字，丘吉尔看到之后并没有生气，而是静静地思考了几分钟，然后用低沉的声音对所有士兵说道："不知道是哪位慕名者送来的礼盒，上面居然什么也没写，只留下了署名。"不管这位士兵是出于怎样的目的，在听完这句话之后都应该会羞愧，而丘吉尔这句话十分巧妙地缓和了当时紧张的气氛，足见幽默的魅力。

同理，幽默的语言也能有效缓和家庭冲突，当家庭与孩子之间的关系陷入僵局时，不如尝试着换个角度思考，用一种幽默的态度来应对也许可以轻松地冰释前嫌。

大多数小女孩都会对妈妈的化妆品感兴趣，妈妈当然知道小女孩还不能用那些化妆品，那么，这时候幽默的语言便可以轻松解决这个问题。

"妈妈，你在干什么？"

"我在涂睫毛膏，宝贝乖，先出去。"

"我也要涂睫毛膏。"小女孩顺手抓起另一只睫毛膏。

"宝贝不能涂，宝贝的眼睛很大，涂了睫毛膏之后就找不到鼻子、嘴巴，只剩下两只眼睛了。"

这里虽然用了夸张的手法，却避免了很多不必要的冲突。所以说家长可以采取一些幽默的方式来化解与孩子之间存在的问题。

有时候可以利用孩子自己的想象，把家长说的话放大。比如家长想要孩子打扫自己的房间，可孩子正玩得开心，不予理会，这时，家长又不能强拽着孩子打扫，那该怎么办呢？

孩子接触的东西少，他们的想象力往往是极好的，家长不妨试着说："你的房间已经很脏很乱了，如果再不起来打扫，清洁小组的人就会进来搜查了。"

孩子在刚上学的时候，总是喜欢把学到的东西告诉家长，可过了一段时间后，上学的兴趣就会大大降低。面对这种情况时，有不少家长会选择与孩子周旋，周旋过多的结果就是冲突加大，对于今后关系的维护反而没有任何好处。可是这时如果家长能合理使用幽默语言，不仅能缓解冲突还能激发孩子上学的兴趣。

"妈妈，我不想去上幼儿园。"

"为什么呢？"妈妈蹲下身子，温柔地问。

"因为幼儿园不好玩。"

"幼儿园有老师还有好多小朋友，很好玩的。"

"可是，幼儿园没有妈妈，我想跟妈妈在一起。"

"宝贝，你知道九加八等于多少吗？"

小朋友掰起十根手指头，怎么也数不过来。

"宝贝，法律上有规定，不会算数的小朋友是不可以和妈妈在一起的。"

这段对话或许很好笑，但是这位家长利用幽默的艺术成功将孩子送去了幼儿园。如果按照正常的语言，必定少不了一番说教。而采用了这样方式与孩子对话，，只是三言两语便轻松化解了家长与孩子的冲突。因此说，幽默的语言对化解父母和孩子冲突有很大作用。

本 节 家 教 智 慧

　　"绅士的演讲应该像女人的裙子，越短越好。"这是林语堂式的幽默。不同人拥有不同的幽默，但是对家长而言，只要能把自己和孩子的关系维持在一个和谐的点上，任何幽默都是值得提倡、值得夸奖的，幽默的语言是避免与孩子发生冲突的重要技巧。

6

注重批评的艺术

孩子有些小问题、小毛病是正常的，但是在孩子的成长阶段，如果家长没能给予孩子正确的指导，小毛病很可能会酿成大问题。那么应该怎样给予孩子正确的指导呢？这需要一定的技巧，批评得太重，很容易带来矛盾冲突；批评得太轻，效果不明显。因此，这就需要家长练就高超的批评艺术，掌握了高超的批评艺术也能避免和孩子发生冲突。

在对外面的世界还没有认识和了解的时候，孩子常常是利己主义者，他们坚持自己的观点并忽视他人的言行，但孩子的所有行为并不都是自私自利的，他们也有一些合理的要求，这就需要家长区别对待。

孩子贪玩、自制能力差、任性、乱发脾气、撒谎、说脏话，这些无论是孩子有心而为还是无心而为的，都需要家长及时给予纠正。然而，在面对这种情况时，家长们通常会持以下三种态度：

第一种，又打又骂。

在得知孩子犯错后，很多父母的第一反应就是厉声斥责孩子或者不分青红皂白地对孩子一顿痛打。但是，这样只会加剧父母与孩子之间的矛盾，父母应该知道，孩子犯错不能成为自己打骂孩子的理由。如果孩子无理取闹或犯了大错的话，家长应该在了解清楚事情的来龙去脉后，用冷静的方式来解决问题，而不是打骂孩子。

如果遇到孩子任性要蛮时，可以任由孩子发脾气，家长先去忙自己该忙的事情，等到双方都冷静下来后，家长再对孩子进行理智的批评，这样对孩子最公平，同时也降低了和孩子发生冲突的可能性。

大多数人都有这样的经验，小时候每次和别人打架，被揍得鼻青脸肿回到家的时候，都会说是自己摔跤摔的，这样的谎言很明显是想逃避惩罚。因此，家长在批评孩子之前应该详细询问清楚打架的原因，并对孩子好好照顾，千万不要再打骂了。

每一个人撒谎都有他自己的意图，为了自己的利益，为了逃避某个问题，为了维护自尊心，等等，孩子也是一样。所以一旦发现孩子撒谎，应该先弄清楚孩子撒谎的原因，然后再及时冷静地妥善处理。

第二种，放任自流。

父母疼爱子女，给他们提供最好的物质生活，无论孩子想要什么，父母都会尽全力满足他们。甚至在孩子任性、撒谎、胡作非为的时候也不予以恰当地教育，只是一味的迁就孩子。长此以往孩子便会养成一种为达目的，不惜采取任何手段的性格，这样的孩子有可能会成为社会的毒瘤，给他人的生活造成威胁。"小时偷针，大时偷金"正是对这种教育模式的提醒。

在孩子成长的过程中，如果父母对孩子的错误不能给予及时地纠正，孩子便会在迷途中越走越远，以致酿成大错。所以，对孩子不能溺爱、迁就，要理性地加以约束，并用孩子可以接受的态度对孩子的错误言行予以批评指正。

第三种，打了也骂了，但不见成效。

有不少家长反映，对孩子打也打过了，骂也骂过了，可孩子就是不听话，左耳进右耳出，这该怎么办？

美国著名的教育专家戴维·伯恩说过，"父母用什么样的教育方法，就会教育出什么样的孩子。"所以，在面对这种情况时，家长首先应该自我反省，从自己的教育方式里去找原因。有些孩子之前很听话，可是突然在某个时候，就像换了个人似的，不仅顶撞父母，而且不听父母的话，其实，这有可能是家长在教育方式上出了问题。

孩子做错了事情，家长的第一反应往往就是生气、批评、指责，在这样的教育模式下，孩子不但不能认识到任何实质性的错误，甚至还会和家

长顶嘴。

　　孩子对家长的言行作出何种反应与孩子的个性有 60% 的关系，但同样也与家长的教育方式密不可分。因为家长长期以来固定不变的教育方式，孩子心里就会形成某种固定的反应模式，在这种反应模式下，孩子面对习以为常的打骂渐渐变得不再畏惧，对于家长的教诲自然也是左耳进右耳出。

　　孩子做错事，家长应该做的第一件事就是引导他改正，或想办法让他弥补自己的过错，而不是冲他发火。事后，家长应该给予孩子小小地批评和惩罚，这样才能让孩子深刻地记住，以后再发生类似的事件时，该怎么做和不该怎么做。

　　孩子虽然还没完全长大，但是也和成年人一样重视尊严，所以无论孩子有没有错，在批评孩子时都一定要顾及到他的自尊，千万不要当众批评，否则即使他最后顺从了，过后还是会在心底埋怨家长，这样的批评没有发挥任何作用。

　　作为家长，在教育孩子的过程中，不能非打即骂，要学习批评的艺术，无论什么事情都逃不过一个理字，只要大家都秉着一颗心平气和的心，相互之间开诚布公，就可以避免和孩子发生冲突，这才是教育孩子最有效的方法。

本节家教智慧

　　从侏罗纪时代到当代，文明在批评中探寻奥秘，人类在批评中不断进步，批评的艺术，对于人类至关重要，在孩子身上也是同样的道理。对于孩子在生活中所犯的小毛病，家长一定不能不闻不问，要在适当的时候提出来，并用一种平静的心态来教育孩子，让孩子在批评中成长进步。

第四章

错误的教育比不教育更糟糕

——家庭教育最忌简单粗暴

　　家长都在拼命地"为孩子着想"，唯恐自己的孩子输在了起跑线上，却很少有家长会思考：这样的教育是否正确？这样的教育对孩子的身心发展是否有益？教育是为了什么？

　　家长应该认真地思考一下这些问题，因为错误的教育比不教育更糟糕！现在的家长，打着"为了孩子的将来"的旗号对孩子进行了很多不正确的教育。比如，对孩子的生活、学习干涉太多，强迫孩子按照家长的设想成长，以不平等的方式对待孩子，不尊重孩子的要求，为了让孩子记住自己的错误有些家长当众批评孩子，面对孩子的任性，家长不仅感到焦虑、紧张，甚至大打出手！这些都是错误的教育，家长应该树立正确的教育观。

　　教育不但需要教会孩子知识，更要激发孩子的求知欲，教会孩子读书的方式；不但需要教会孩子各种技能，更要注重孩子心理的发展。真正的家教应该是符合孩子身心发展特点的教育，是一种引导性的教育，而不是强迫的"填鸭"式教育；是家长与孩子平等对话，让孩子自由地发展的教育。

家长要学会尊重孩子的意愿

在教育孩子的过程中，很多家长都无法放下身段平等地对待孩子。这样，孩子自然也不会把家长看成自己的朋友。为了更好地教育孩子，家长需要放下身段，平等地对待孩子、尊重孩子，不违背孩子的意愿，使其健康快乐地成长。

最近黄琴发现原本活泼开朗的女儿芳芳越来越不喜欢说话了，没事就躲进房间看电视。黄琴觉得很奇怪，也很焦虑，担心孩子是不是生病了，或者是受了什么刺激，但无论她怎么问，芳芳就是不回答。无奈之下，黄琴去咨询了专家，经过专家分析，黄琴才知道，有问题的不是芳芳，而是自己。

黄琴和丈夫是大学同学，而且都是从农村出来的。自从上高中后，黄琴就变得自卑起来，她觉得班上每个同学都有自己的特长，就自己没有。上了大学之后，她更是发现大家多才多艺，而自己，却一无所长，什么都不会，她也曾想学习一些才艺，可是苦于没钱。成家后，生活水平还不错，所以，她认为不能让芳芳重蹈自己的覆辙。因此，在芳芳6、7岁的时候黄琴就给芳芳报了几个兴趣班，钢琴班、小提琴班、舞蹈班等。虽然自己除了上下班还要接送孩子很辛苦，可是为了孩子的未来，她认为自己辛苦些也是值得的。芳芳对于妈妈的安排虽然也曾提过意见、闹过情绪，可是都被黄琴的说教、打骂"说服"了，但让黄琴没想到的是，几年下来，芳芳不但对所学的东西兴趣越来越淡，还变得沉默寡言了。

专家告诉黄琴，孩子之所以这样，她负有一定的责任。培养孩子的兴趣是没错，可是黄琴并没有尊重孩子的意愿，而是将自己的想法强加在了孩子身上，由于学习很辛苦，在孩子提出抗议的时候又遭到了黄琴的打骂

"教育"，这不仅使得母女关系僵化，还导致孩子的性格发生了变化。

家长不希望孩子输在起跑线上，这无疑是爱孩子对孩子负责的表现，可是教育孩子的时候，也应尊重孩子的意愿，平等地与孩子对话，真正了解孩子的想法，而不是将对话变成命令或者争吵。

不尊重孩子，不能平等地对待孩子，这种情况，时常会出现在两种极端的家庭教育模式中。

一种是限制型的家庭模式中命令式的教育。在这种家庭模式里，父亲或者母亲具有绝对的权威，他们的话语就是命令，容不得半点犹豫和反抗，否则孩子就要挨骂或者挨打。他们的说话方式也是命令式的。在这种家庭模式中，孩子就是一个"接收者"，对父母的话只能无条件地接受与执行，不容许有自己的意见、看法。在这种家庭教育模式下成长的孩子，要么变得十分听话，一切以父母的话为标准，缺乏主见，缺乏独立生活的能力，性格内向，懦弱；要么就变得十分的叛逆，无论对错，事事针对父母，父母说东，他偏偏向西，独立自主意识特别强烈，容不得别人的一点否定。

另一种是放任型的家庭模式中放羊式的教育。父母从不干涉孩子的生活，要么过分溺爱，要么毫不关心。过分溺爱的家庭，一切以孩子为中心，孩子就是皇帝、公主，从不违背孩子的意愿，孩子想玩就玩，想学习就学习，不想学了就不学。这样的孩子很任性，缺乏坚定的意志，不懂得分享，不会处理人际关系，做事可能非常极端。对孩子毫不关心的家庭，一切顺其自然，孩子的事情完全由孩子做主，父母不会干涉。在这种家庭环境中成长的孩子独立自主意识特别强烈，也具备独立生活的能力，但是缺乏爱，不懂爱，没有归属感、安全感。在这种家庭中，父母过于"尊重"孩子的意见，与孩子几乎不存在对话，孩子说什么就是什么，父母不会有意见，如果父母提出了意见，就会引发亲子之间的争吵和矛盾。

其实这两种家庭模式衍生出来的两种教育方式都没有尊重孩子。命令式的教育方式，毫无疑问没有尊重孩子，没有平等对待孩子。放羊式的教育方式，表面上是尊重了孩子，其实也是没有尊重孩子，没有平等对待孩子，因为孩子毕竟是孩子，对于很多事情根本就不懂，很迷茫，也不会用

长远的眼光看待事情的发展，这时候孩子是需要家长对其作出指导和引导的，也需要家长为孩子提供意见，协助自己做出决定。

如果真正地尊重孩子、平等地对待孩子，家长就应该放下身段，将孩子当作"小大人"来看待，而不是把孩子当成什么都不懂的小屁孩和出气筒；多与孩子进行平等沟通，了解孩子的想法，认真听取孩子的意见，并给予他们足够的重视；给予孩子足够的信任与发展空间，在大方向上做出决策，孩子能够做的事情就让孩子充分发挥其主观能动性；对于涉及孩子自身发展的事情，要与孩子商量，比如是否报兴趣班，报什么样的兴趣班等；尊重孩子、平等的对话并不表示任何事情都听孩子的，家长也要发挥作用，对孩子的言行作出指导，在孩子意志力不够或者失败的时候，家长要给予孩子鼓励，激发其潜能，在孩子有了进步的时候予以表扬等。这样，孩子才能把父母当朋友，而家长也才能有机会更多地了解自己的孩子，并在其成长的过程中起到积极的指导作用。

本节家教智慧

家庭教育是关乎孩子成长的大事，家长一定要听取孩子的意见，而不能盲目地把自己的意志强加在孩子身上。家长要学会平等地对待孩子，平等地与孩子对话，尊重孩子的意见，但这也并不表示凡事都依着孩子的性子，家长也要发挥相应的作用。

2

面对孩子的任性，家长要做的不是焦虑，
而是想办法去改变他

孩子任性的主要表现是固执、反抗、由着自己的性子做事而不服从家长的管教、在需要得不到满足时便大哭大闹。任性可以说是现代社会中大多数孩子的一个通病。那么，面对孩子的任性，家长先不要焦虑，而是根据实际情况理智处理。

有的孩子任性可能是身心发展过程中的自然反应。

灵灵今年3岁了，可灵灵妈却感到非常苦恼。她不明白为什么灵灵现在变得自私又任性，看到自己喜欢的东西就要抢过去，抢不到就哭，怎么哄都没用。昨天邻居的孩子斌斌拿着自己的机器人来找灵灵玩，灵灵一看到斌斌的机器人就要抢，可是斌斌都5岁了，灵灵怎么抢得到？于是两个孩子就打了起来，灵灵边哭边喊："我的，我要。"任灵灵妈怎么哄都不管用，灵灵妈实在气急了，就动手打了孩子，可是孩子还是不停地哭，不停地抢。灵灵妈无奈极了。

儿童心理研究表明，1~3岁是孩子自我意识的第一个飞跃期，这时候，孩子具有强烈的自我意识，以孩子会使用"我"、"我的"等为重要标志，并且，这时候孩子并没有同时发展出"他"、"他的"等概念，所以孩子对自己有兴趣的东西具有强烈的占有欲，以为自己感兴趣的就是"我的"，就会要求占有它，甚至会为此大打出手。同时，对于自己有兴趣的东西也不会与他人分享。因此，这时的孩子会显得非常"自私"、"任性"。

面对这种情况，家长不要焦虑，也不要因为孩子任性而过多地指责孩子，而是应该对孩子进行劝解，客观地看待孩子的言行，并因势利导，帮助孩子向正面发展。家长也不用过于担心孩子的"任性"，因为随着年龄

的增长，孩子的"他"、"他的"的意识会慢慢地发展起来，这时候孩子的任性就会自然消减。如果孩子喜欢抢东西，就让孩子和大一点的孩子玩耍，让大孩子对其进行约束，让孩子的行为得到一定的收敛；如果是别的孩子抢自己孩子的东西，那就让他与更小一点的孩子玩耍，减少被侵略，有助于孩子自我意识的发展。

在这种情况下家长需要注意的仅仅是帮助孩子掌握正确的交际方法，鼓励孩子多参加活动，让孩子在生活中碰壁，这样，孩子就会逐渐学会照顾别人的权益和感受，摆脱强烈的自我意识。

而有些孩子的任性是由家庭教育的不当造成的。人的一生，要受到家庭教育、学校教育、社会教育三种教育，其中家庭教育是对个体成长影响最大也是孩子所接受的最早的一种教育，而家庭教育还会影响到学校与社会教育。由于现在大多数孩子是独生子女，这些孩子是家长的掌中宝，集万千宠爱于一身，在家中具有绝对的地位，一切的需求都会得到满足，因此，这就养成了孩子不懂照顾别人感受、任性的性格特点。为此，家长在进行家庭教育的时候一定要注意方法。

首先，家长不能对孩子进行包办。家长要注意培养孩子的独立意识、动手意识，鼓励支持孩子做一些力所能及的家务事，孩子能做的事情一定要让孩子自己去做。

其次，家长不能对孩子过于溺爱，不能对孩子的所有需求都给予满足，要让孩子懂得需要的"延迟满足"。比如当4岁孩子在11：50的时候对妈妈说："我饿了，我要吃巧克力。"这时候家长不能说："去吧，去吃吧。"而应制止孩子的行为，并对他说："孩子，先不要吃巧克力，妈妈现在做饭，马上就可以吃饭了。"对孩子的需求一定要区别对待，不能什么都无条件地满足。

最后，家长可以用名人故事、童话故事、寓言故事等来教育孩子。通过这些故事，让孩子懂得分享；通过模仿，让孩子不再任性。

当孩子已经养成了任性的不良性格时，家长也不用过分焦虑担心。可以采取一定的方法消退孩子的任性。当然家长要先了解到孩子的任性是怎么形成的。其实孩子任性的形成，可用"强化理论"来解释。所谓"强化"，是指通过对个体某一行为进行奖励或者撤销某种惩罚而增加该行为与反应的频率。孩子的任性也是这样，因为某次或者某几次的任性，孩子发现只要自己任性就可以使本不能实现的愿望实现，于是，孩子就更加任性了。比如，一个小孩，在吃饭的时候说："我要吃巧克力。"因为正在吃饭，所以父母肯定不会给的，于是，这个小孩子就重重地放下碗筷，并且大哭大闹，过了一会，父母被吵得不行，于是说："别吵了，马上给你吃。" 这个孩子本来觉得自己可能真的吃不到了，准备就此算了，可是这时候父母的妥协让孩子发现：只要我一吵闹，一直哭个不停或许就可以吃到了。下次继续这样，他发现果然是只要他一直吵闹下去，父母就会满足他的需要。于是，任性的性格就这么形成了。

了解了孩子任性的形成原理，家长就可以对症下药了。纠正孩子任性的习惯，家长可以这样做：

第一招：坚持立场。

当孩子开始任性时，家长要坚定自己的立场，不要认为不满足孩子的需要会对孩子造成伤害，恰恰相反，这是对孩子的一种良性教育，让孩子知道什么是可以得到的而什么是不可以强求的。比如孩子想要买一把玩具枪，而孩子已经有几把玩具枪了，家长不想买，这时就要坚定立场，坚决地对孩子说："不！"并对孩子说明理由。

第二招：冷处理。

当孩子大哭大闹的时候，家长可以用"冷处理"的方法。也就是不要在孩子面前表露自己的同情，漠视孩子的吵闹，甚至可以暂时离开。这样可以让孩子知道自己再怎么任性也不起作用，自然而然就会消除这个坏习惯。

第三招：约法三章。

孩子坚持要的东西，家长可以与其约法三章。比如孩子要玩手机，可是现在又不能给孩子玩，那么可以和孩子说："现在不能玩，一会爸爸不

用了再给你玩，而且只能给你玩一会，一会爸爸还要用，那个时候你就不能闹了，一定要给爸爸。"

或者和孩子讲明条件，要达到要求才可以满足孩子的愿望。比如家长对孩子说："你把这个故事看完，我就把手机给你玩，不然不给。"

孩子要跟着去上街，可是孩子总是要求买玩具，而家里已经有很多玩具了，家长可以和孩子说好，今天不能吵着买玩具，不然不带他去上街等。

第四招：激将法。

孩子都是好表现的，模仿和好胜心都很强，家长可以利用这一点对孩子进行教育。比如对孩子说："乖孩子都是会吃饭的，都是吃完饭再去看电视的。宝宝只看电视，不吃饭不是乖孩子。"或者用故事或身边其他孩子的事例对自己的孩子进行激励。

当然，除了这些方法之外还有很多其他方式。比如对孩子进行适当的惩罚，如果孩子不吃饭，家长就可以把饭菜收起来，并且没收孩子的零食。当孩子饿了的时候再对孩子进行"吃饭"教育，让他明白因为没吃饭，所以饿了。以后孩子也就自然会按时吃饭了。对年龄较小的孩子还可以用"转移注意力"的方法，小孩子注意力不稳定，当孩子任性时可以转移孩子的注意力，这样也能达到显著的效果，当然，这种方法只能用于很小的孩子。

对于处理孩子的任性，也应注意一些事项。首先，家长要了解原因，和孩子讲明道理，让孩子意识到自己的错误；其次，不能打骂孩子。适当的惩罚是必要的，但是惩罚并不仅仅是打骂，还可以不给零食吃，不给玩具玩等。特别要注意，不能恐吓孩子，恐吓孩子只会让孩子更加害怕，更加恐惧，产生恐惧心理，不利于孩子的身心发展。中国人哄孩子很喜欢用恐吓的方法，比如一个孩子在哭，家长常常用这样的方法哄孩子："别哭了，再哭我就把你扔出去喂狼。"结果，孩子一听就更加害怕了，哭得也更厉害了，恐吓还容易给孩子造成心理阴影。最后，不要在大庭广众之下批评孩子。孩子也有自尊心，也很好强，在亲戚朋友面前或者陌生人面前

批评孩子会使孩子感到没面子，使孩子的自尊心受到打击，不利于孩子的
成长。

本节家教智慧

　　孩子的任性，大部分原因是家长的教育不当，因此家长一定要运用科学的方法对孩子进行教育，不然不如不教育。而当孩子已经很任性了的时候，家长也不要焦虑、担心，要及时查找原因，对症下药，运用科学合理的方法对孩子的任性行为进行纠正。切勿因焦虑而打骂孩子，或者对其放任自流。

3

不要干涉孩子太多，要给孩子成长的空间

　　人们在感叹现在的孩子真幸福的同时，也在感叹现在的孩子很辛苦。现在的孩子的确是幸福的，有优质的教学器材与师资力量；同时，这些孩子也是很辛苦的，每天背着沉重的书包上下学，很多孩子才上小学就已经戴上近视眼镜，他们甚至几乎没有了自己活动的空间和时间。

　　专家认为，青春期之前，父母不应该过多干涉孩子的活动，应该给予他们足够的空间和时间，让他们发展自己的兴趣，玩自己喜欢的游戏，做自己喜欢做的事情。不应该打着爱孩子的旗号去安排孩子的一切。

　　王倩的孩子还在上幼儿园，王倩便已经在一个学区里买好了一套二手房，目的就是为了让孩子以后更方便在这个学区的重点小学、重点中学上学，然后有机会考上重点大学出人头地。不但如此，她每天还带着孩子到各种培训机构去上课，仅仅是为了孩子在考小学的时候具备一些加分的筹码，她还不间断地让孩子参加各个学校举办的入学考试。周末，也要带着孩子赶着参加很多的培训班。

　　心理学家认为，人生的各个时期具有不同的任务，如果不能完成这些任务，孩子的生活就会产生危机。美国心理学家埃里克森将人生分为八个阶段，每个阶段各有各自的任务与危机。其中，儿童早期的任务与危机分别是获得自主与害羞、怀疑，这个时期孩子的主要活动是探索世界，这些孩子刚学会走路，他们渴望用自己的手去触碰这个世界，感受这个世界上任何新奇的事物，这是自主性的表现；这个时候，家长要给予孩子一定的空间，不能不管孩子，也不能过于严厉，不然会让孩子产生怀疑、羞愧的心理；幼儿期的孩子主要的任务是获得主动感，避免内疚感。他们的主要活动是游戏，这个时期的孩子主要通过游戏来获得成长，发展自己的动作与思维能力，锻炼自己的社交能力，修复自己的心理创伤，获得快乐的感受。所以，在这个阶段，家长应当给予孩子比较大的空间让孩子去发展自己的兴趣和爱好，决定自己的事情获得主动感，不然就会产生内疚的心理，失去主动性；学龄期孩子的主要任务是学习，但不是填鸭式的学习，而是旨在满足自己好奇心的学习，锻炼孩子的求知欲，探索精神世界，获得勤奋感，以此避免自卑的产生。

但是，现在很多家长并没有考虑到这些，不论是幼儿期还是学龄期，孩子的一切都被家长全权安排，孩子既没有自主权，也没有主动感，那些所谓的兴趣也很少是孩子自己喜欢的，往往都是家长的决定。也许有些家长会说："我是按我孩子的兴趣报的班啊。可他就是没恒心，三分钟热度。"既然是三分钟热度，那肯定不是孩子的兴趣。孩子对这个世界的一切都是很好奇的，遇到任何新鲜事物都喜欢摆弄一下，也许孩子并不是对钢琴有兴趣，只是好奇就弹了几下，家长就盲目地以为自己的孩子有弹钢琴的天赋。所以家长要认识到，天赋不是一时半会儿就能显现出来的，它需要时间观察，也需要给孩子时间去表现。

对于青春期的孩子，家长更要给予他足够的空间去成长。

青春期是人生的多事之秋，也是很多家长最为担心的时期，这时期孩子容易出现各种问题。诸如早恋、逃学厌学、网瘾等等。

在创特心理学校中有很多孩子是因为网瘾、早恋被送进来的。陈龙今年14岁，可是看起来就像7、8岁的孩子，他说他是因为网瘾被送进来的，已经来了3个多月了。以前在家也不怎么上课，天天玩游戏。说起游戏，陈龙就特别兴奋，什么魔兽、英雄联盟、穿越火线、地下城与勇士等等，他都如数家珍，对其中的各种角色也是了如指掌。其实，他原来并不喜欢玩游戏，可是父母对他太严厉了。白天要上课，晚上回到家想看会儿电视、上会儿网放松放松，父母就说他只知道看电视玩电脑，学习成绩一塌糊涂，对他也时常一副恨铁不成钢的样子。久而久之，父母的态度让陈龙很烦躁，白天学校上课、补习班上课，晚上还要和这些习题"决战到天亮"，陈龙感到非常疲惫，偶尔去了一次网吧，让他感受到前所未有的轻松，于是，他慢慢喜欢上了这种感觉，就有了后来的网瘾。在创特心理学

校有很多人也是因为家里管得太严格，而去网吧找轻松感进而染上网瘾，最终被送进来的。

埃里克森认为，青春期的孩子主要任务是获得自我同一性，避免自我同一性混乱。这个时期的孩子普遍需要面对一个问题："我是谁？"如果青少年能够很好地回答这个问题，就可以产生自我同一性，形成正确的人生观，进而理解并接受自己。如果不能回答这个问题，就会产生自我同一性混乱。这个时期，家长不应过分干涉孩子的生活，而应该给予孩子足够的空间去探索自己，恰当的时候给予一定的帮助。青春期的孩子虽然想法很多，但由于没有经验，知识积累也不够，对于很多事情根本就不懂，所以需要有人与他们一起探索，有人能够帮助他们理解自己，如果家长过多干涉孩子的生活，那只会使孩子觉得家是一个不可靠的地方，而产生避开家、远离家的想法。而且这时期孩子对于异性也充满好奇，会产生朦胧的爱情，这也需要家长给予正确引导，使之形成正确的恋爱观。

可是，很多家长却因爱生乱。为了保护好孩子，这些家长"事事亲为"，"事事关心"，对孩子的一举一动都要了如指掌，渴望孩子就在自己的手掌心里活动，出门要盘问，回家要盘问，甚至不让孩子出去，一个劲地把孩子留在身边学习。或者为了知道孩子在想什么、有什么问题而触碰孩子的隐私。毫无疑问，这些家长是爱孩子的，他们做的这些都是为了孩子能更好地成长，可是这些家长没想到，正是这些"关心"破坏了他们与子女的亲子关系！这些行为只会让孩子更反感、更叛逆！

作为家长，正确的做法应该是，给予孩子足够的空间来成长，尊重孩子的隐私，平等对待孩子，努力成为孩子的朋友。要想了解孩子的想法、隐私不能通过"偷看"的方式，而应该成为孩子的朋友，取得孩子的信任，让孩子自己说出来。

本节家教智慧

　　成长是孩子自己的事情，家长不要太多地干涉孩子，而应该给予孩子足够的空间，让他们自己去成长。给予年幼的孩子些许空间，让他们探索世界、探索自己、发展自己的兴趣爱好；给予青少年足够的空间，让他们去探索自我，形成正确的人生观。家长所要做的仅仅是为他们提供帮助。

4

当众批评往往适得其反——你的孩子也要"面子"

王凯住姥姥家已经两个星期了，这期间他一次家都没回过，因为他很气愤。

那天是星期天，王凯带了几个同学回家玩。当他们玩得正兴起的时候王凯妈回来了，王凯妈妈估计是看到家里被这些孩子弄得太乱了，于是，气冲冲地跑过来，劈头盖脸地对王凯一顿臭骂，妈妈当着那么多人的面骂自己，而且还是在自己很要好的同学面前，这让王凯接受不了，觉得自己很没面子，为了表示自己的愤怒，王凯二话不说，一口气冲到了姥姥家，一住就是两个礼拜，到现在气都还没消。一想起这事，王凯就觉得气愤异常，心想，妈妈怎么能这样对他，太不给他面子了，以后在同学面前还怎么抬得起头啊！

人本主义心理学派创始人，美国心理学家马斯洛认为，每个人都有五种需要，尊重就是其中一种需要，这种需要是指个体有尊重别人和被别人尊重的需要。孩子是一个个体，也具有被尊重的需要，特别是自我意识暴涨的两个时间段（1~3岁和青春期），家长当众批评孩子原本就是一种不尊重孩子的行为。很多家长其实都懂得要尊重别人，可是落实到自己的孩子身上就行不通了。一方面是受到了传统文化的影响，没把孩子当别人，中国人觉得自己人之间没必要这么客套，而且要家长尊重孩子好像也说不过去。另一方面家长并没有把孩子当成一个独立的个体，而是把他们当成自己的附属品，他们没有意识到要把孩子当"小大人"看待；再者，家长觉得当着这么多人的面批评孩子可以让孩子觉得羞愧，进而激发孩子的斗志。其实家长们错了！当众批评孩子不但不能促进孩子进步，反而会使孩子觉得丢人，没面子。甚至有的孩子可能会觉得，自己很没用，已经努力了，可是还是得不到父母的认同。由于孩子得不到认可，就会更加缺乏动力，丧失前进的信心。

汪曾祺有个和善的父亲，父亲对于他们的教育很宽松，也不乱发脾气。

汪老在上初中的时候，喜欢上了一个女孩子（按现在的说法应该是早恋了），一天，他正在给那个女孩子写情书，被父亲看到了。汪曾祺当时感到很紧张，害怕父亲责骂他。可是父亲看过那封信后，并没有当着家人和外人的面批评他，相反，父亲开始帮他写情书，一起出主意。事后，父亲还跟他说了很多恋爱的事情，大概是引导他，怕他犯错误吧。很多年后，汪曾祺还说，他很感谢他的父亲，父亲的教育方式太好了，从没有当众批评过他，而是一直把他当成朋友。"多年父子成兄弟"，这一点汪曾祺继承下来了，他和他的儿子也是亦父亦友，父子关系特别好。

不在众人面前批评孩子，给孩子留面子，这能让孩子更加喜欢自己，信任自己，促进亲子关系，从而使孩子更能主动听取家长的意见。相反，当众批评孩子只会适得其反，僵化亲子关系。

本节家教智慧

孩子也是很好面子的，作为家长不能当众批评孩子，而应该给孩子留有足够的面子，这样才能让孩子更加亲近家长，更自觉地听取家长的意见。

5

树立正确的家教观，成就孩子的人生

错误的家教方式会毁了孩子的一生，而正确的家教方式却能够让孩子健康地成长。作为父母要想拥有正确的家教方式，将自己的孩子培养成材，首先应该形成正确的家教观。

虽然现在的家长都很重视家庭教育，但很多家长并没有形成正确的家教观。部分家长认为，家教就是早点开发孩子的智力。让孩子学到更多的知识，懂得更多，在上学的时候能够取得好成绩，以便更好地考名校。其实，这是一种错误的教育观，让孩子早点接受文化知识，只是家教的一小部分，正确的家教观包括很多内容。

第一，教会孩子做人。

学会做人是人生的第一课，也是人生最重要的一课，它贯穿每个人的一生，是家教中最重要的一部分。教会孩子做人，懂得做人的道理，即使孩子没什么才能他也会成为受他人尊敬的人。

著名翻译家傅雷夫妇特别重视对子女的教育，尤其强调要子女学会做人。在傅雷夫妇写给孩子们的信中，除了让孩子学习艺术之外，更加强调艺术与人生的关系。在书信中，傅雷夫妇一直给子女灌输这样一个思想：一个艺术家应有高尚的情操，要懂得"国家的荣辱、艺术的尊严"，要做一个"德艺兼备，人格卓越的艺术家"。

第二，教会孩子求知。

古人说："授人以鱼不如授人以渔。"的确，知识是无限的，人生是有限的，家长知道的知识也是有限的。因此，教孩子具体的知识，不如培养孩子求知的能力。用名人故事、童话寓言等来激发孩子的求知欲，让孩子懂得知识的重要性，教会孩子学习的方法，比教孩子有限的知识更加有用。

第三，教会孩子独立。

孩子始终是要学会独立的，而家教的一个重要内容就是要培养孩子的独立意识，教会孩子自己的事情自己动手，学会劳动，懂得劳动创造财富。锻炼孩子独立面对挫折、随机应变的能力，让孩子在独立面对问题的过程中，形成有主见，果断的性格。

著名作家刘墉特别注重对孩子独立性的培养。在儿子刘轩很小的时候，刘墉就要求他自己的事情自己做，刘轩很小就学会了做饭，并且烧得一手好菜。此外，刘墉还要刘轩利用寒暑假去打工。有一年暑假，刘轩本想待在家里休息，却被刘墉要求去找工作，于是，刘轩找了一份擦车的工作。冒着酷暑，刘轩汗流浃背地擦了一暑假的车，而一天才挣来 25 美元，不过刘轩觉得很值，因为这是自己挣的钱。而且暑假的这份工作，也让刘轩对人生有了深刻的体验，懂得了生活的艰辛，从而更加珍惜眼前的生活。

家长不能过分溺爱孩子，孩子总是要离开家长怀抱的，所以在孩子小的时候，家长就要有意识地培养孩子独立生活的能力。

第四，培养孩子积极的心态。

心态未必能决定一个人一生的成败，但是对一个人一生的影响绝对是非常大的。父母应该在孩子小的时候就培养孩子良好的心态。多与孩子进行平等地交流，了解孩子的想法和烦恼，进而帮助孩子解决这些问题，引导孩子在面对困难和挫折时冷静处理，不慌不忙。拥有冷静自信的心态，可以使孩子笑对人生，不被挫折所击倒。

第五，家长要有正确的孩子观。

所谓"孩子观"是指家长认为孩子是什么？孩子应该成为什么？家长

应该充分认识孩子，了解孩子各个时期的身心特点，根据不同的特点予以不同的教育。对孩子要严格，但不能"绝对化"，要承认孩子会犯错，而且孩子要犯错。不能有"绝对化"的要求，比如"我的孩子必须考名牌大学"，"我的孩子决不允许犯错"等等，这些"绝对化"的要求不但不可能实现，还会阻碍孩子的成长。孩子的健康成长需要尊重孩子的要求，符合孩子的特点。一个没有音乐细胞的孩子再怎么教育也不能成为音乐家。教育要因材施教，家长要认清孩子的特点，顺应孩子的特点、天赋去教育，而不能揠苗助长。社会需要形形色色的人，需要读书人，也需要高尚的艺术家。家长应该用积极的眼光看待孩子，发掘孩子的优点，培养孩子成才。当然，家长也不能"顺其自然"，对孩子不管不问，这也是错误的孩子观。

本节家教智慧

正确的家教观有助于孩子的成长。要做好家庭教育，家长必须有正确的教育观与孩子观，对孩子的教育首先要注重让孩子懂得做人的道理，有德无才可以谓之君子，有德有才是圣人，而有才无德却是社会的危害。对孩子的教育要从孩子的一生着眼，而不应该只看到眼前的利益；家长应该着重培养孩子的独立性、自主性，顺应孩子的特点进行教育，不一定每个孩子都是读书的料，也不是只有读书才能有出息，如果孩子有其他的天赋，家长应该发掘它、培养它，而不是磨灭它。

第五章

蹲下来和孩子说话，不要居高临下
——做孩子的朋友而不是孩子的领导

在教育孩子的过程中，许多父母没有将自己正确定位，在他们看来，父母做的一切都是为了孩子着想，因此，孩子对父母必须言听计从。许多家长在没有告知孩子的情况下，便将孩子全部的休息时间都规划到了补习班里，对孩子的反抗也不管不顾，甚至用独裁的方式向孩子表明反对无效。诚然，大多数父母对孩子抱有很高的期望，这无可厚非，只是，孩子也有自己思考问题的方式，也有自己对未来的规划，好父母理应考虑到孩子的想法，放下家长的架子，以朋友的身份来和孩子聊聊心里话，听听孩子内心的真实想法，尊重他们的意见，给孩子营造一个宽松的环境，而不应总是摆出一副领导的姿态。父母做错了事情也要主动承认错误，并以真诚的态度来得到孩子的谅解，孩子在成长道路中遇到了挫折和失败，好父母要从正面鼓励并支持自己的孩子，帮助他们从失败中总结经验和教训，协助他们尽快从失败的阴影中走出来。好父母是孩子精神上的支柱，是孩子内心最为信任的人，更是孩子不可或缺的朋友。所以，想要做一个好家长，就蹲下来和孩子说话，做孩子的朋友而不是孩子的领导。

1

蹲下来和孩子说话，不要让孩子盯着你的屁股

时常听见家长们抱怨和孩子在沟通上出现了问题，甚至有不少家长认为自己和孩子无法沟通。很多时候家长的看法和做法，不能得到孩子的理解。而某些情况下，家长也无法理解自己孩子的想法和行为，这在家长和孩子之间无疑形成了一堵厚厚的墙。每个父母，都爱自己的孩子，但是无论父母有多爱孩子，如果缺少了良好的沟通或交流方式，都无法让孩子心甘情愿地接受来自父母的爱。

传统的"家长主义"观念在二十一世纪的家庭中仍然盛行，在这种观念的影响下，家长通常都会认为，孩子必须服从于家长，可正是这种观点造成了父母和孩子之间的隔阂。于是，时常能听见有家长这样唠叨："我对他从小就进行严格教育，他怎么还是走歪路了呢？"人们也时常能看见这样的场景：节假日的时候，年轻的妈妈带着自己年幼的女儿去逛街，街上非常热闹，妈妈兴致高昂的牵着女儿去人多或者热闹的地方，脸上也是一片欢喜的笑容，而年幼的女儿却是一脸惊恐或早已哭花了的小脸，年轻的妈妈却不能理解，为什么自己认为的快乐场景在女儿看来却如洪水猛兽呢？如果这时候年轻的妈妈蹲下来，从孩子的高度去看看前面的人群，那时她应该会恍然大悟，原来自己的女儿从她的高度所能看到的全是满街走动的腿和扭动的屁股，而不是一张张笑容可掬的脸。

一位母亲发现自己年幼的儿子经常跑到楼顶上仰着头兴致勃勃地和太阳公公讲话。

母亲感到很奇怪，便走过去问儿子："儿子，你在干什么啊？"

儿子扬着他那可爱的小脸，告诉妈妈："我在和太阳公公讲话呢！我发现他太孤单了，都没有一个伙伴。"

母亲感到不能理解，便问道："太阳公公会讲话吗？"

"会的！"儿子兴高采烈地说。

看着儿子稚嫩的小脸，母亲又问道："那你为什么要跑到楼顶上来呢？"

"因为他离我太远了，我怕他听不见。"儿子认真地回答了自己的妈妈。

这位年轻的母亲心里涌起了一阵感动，儿子的话让她自责，并且让她反思，自己从前一味的埋怨孩子不懂事，不能理解妈妈的苦心，却从未想过，母亲的脸庞距离孩子太远了，以孩子的高度并不能看清楚母亲脸上的表情，又如何能理解母亲的一片苦心呢？

"那以后妈妈和你说话的时候就蹲下来，让你能听得更清楚好不好？"这位年轻的母亲低下身子亲切地对自己的儿子说道。

儿子漂亮的眼睛里闪现出了惊喜的光芒，开心地说道："哦，太棒了，那我就不用每次都仰着头跟妈妈说话了，妈妈，仰着头很累的。"

这位年轻的妈妈听了，眼里滚动着泪花。

一个好的父母往往懂得低下身子，以同样的高度来和自己的子女交流，以平等的姿态倾听孩子的心声，让孩子感受到父母和他们之间的平等和亲密。

威尔·史密斯是美国好莱坞的著名演员，他的儿子贾登·史密斯与成龙合演了《功夫梦》。这对父子让成龙很是羡慕，不过成龙羡慕的不是这对父子的名气，而是这对父子之间的和谐融洽。正如成龙所羡慕的那样，威尔·史密斯和他的儿子贾登·史密斯之间是平等的关系，在生活中，他们常常用"这么做你觉得怎么样"、"你可不可以这样"这种商量的语气来探讨问题，而不是大声地叫嚷、怒骂和顶撞，儿子贾登和父亲有着相同的爱好那就是喜欢看球赛，看球赛时父子俩互动频繁，甚至低头私语和"勾肩搭背"，父子之间充满着一种平和的氛围。

威尔·史密斯父子这种和谐融洽的父子关系其实正是成龙和儿子房祖名之间缺少的。成龙坦言，和儿子相处的时间很少，并且每次见面都没话可说，父子之间关系紧张。反思自己的过去，成龙发现自己和儿子房祖名

之间真的缺乏沟通，所以才导致了紧张的父子关系。人到中年，才恍然明白自己要放下作为家长的架子，和儿子平等沟通，也才明白或许在其他人眼里，你是高不可及的明星，但是在儿子眼里，回到家里你就是一个普普通通的父亲，儿子需要的不是你的光环，而是和父亲之间那种亲密无间的沟通。

冰冻三尺，非一日之寒。家长们理应意识到，要建立良好的家庭关系，家里的每个成员都应该是平等的，不管自己的子女年龄几何，放下自己作为家长的架子，放低姿态，蹲下来认真倾听孩子的心声，让孩子清楚地看到父母脸上的每一种表情，孩子才会对你们袒露自己的内心世界。因此，想要做个好家长应该这样做：

（1）蹲下身来保护孩子的童真。

孩子感兴趣的事在家长看来也许是天方夜谭，譬如倾听蚂蚁说话、和太阳公公说再见、和小花小草聊天等等，你不要急着去告诉他们这是不可能的，蹲下身来以孩子的眼光欣赏周围的事物，最好让他们感觉你和他们一样也是一个孩子，是一个能讲故事、能和他们一起玩的"大孩子"。

（2）将孩子抱起来扩大他们的视野。

家长们在记得蹲下身的同时也别忘了在一些场合需要让孩子们站得高看得远。孩子的视野由于诸多原因受到了局限，但是好的父母应该将孩子抱起来扩大他们的视野，让他们初窥成人的世界，了解父母的想法。

（3）做孩子的好朋友。

有些时候，孩子宁愿将自己的想法和心事告诉朋友，也不愿告诉爸爸妈妈，因为在他们心底，自己的想法和心事不会得到父母的认同。这时候，父母要蹲下来平视孩子，告诉孩子妈妈是这个世界上最关心你的朋友。你生病了妈妈会心疼；你开心了，妈妈会高兴；你犯错误了，妈妈会难过。让孩子体会到你是和他在一起的。

本节家教智慧

　　蹲下身来，放下家长的架子，学会以朋友的方式来和孩子相处，试着从孩子的角度来考虑问题，学会倾听孩子内心的想法，让孩子感受到父母和他是亲密无间的。和谐的家庭关系不是一朝一夕能建立的，需要点点滴滴的累积，父母和儿女是构成和谐家庭关系不可或缺的元素。孩子的心是最好攻破的，但是也是最容易设防的，好妈妈一定知道应该如何进入自己儿女的内心。

2

改变教育方式，聪明应对孩子成长过程中的失败

失败是每个孩子在成长过程中都要面对的重要课题，为人父母者比孩子早经历了几十年的人生，对失败应该有更深刻的理解。但事实上，许多家长在教育子女的过程中将孩子的一时失败或犯错误看做是洪水猛兽，进而感到无法接受。

当孩子失败时，有些父母会比孩子更强烈地感到灰心丧气，在对孩子表示失望之余，他们甚至采取各种极端的态度来对待孩子，比如当众批评、大声辱骂吼叫、冷言冷语的讽刺甚至是家庭暴力等等，就如同自己的孩子是一个犯了错误的下属，理应被严厉责罚。往往伤害了孩子还不自知，以为自己是为了孩子着想。却没想到，批评是一味苦药，它虽然可以治疗病痛，但若苦到令孩子们难以下咽，也无法发挥药效。

事实上，在孩子失败时，父母只需要多一些尊重和理解，采取一种温和的、容易被孩子接受的方式来引导孩子意识到自己的错误或失败，并且帮助他们寻找失败的缘由，让他在失败中逐渐成长，不在同一个地方再跌倒一次。聪明的父母往往不会因孩子成长过程中的失败而对孩子失去信心，他们更不会在孩子面对失败时居高临下地批评指责孩子，聪明的父母会理智地对待孩子成长过程中的失败，给予他鼓励和支持，为孩子营造一个良好的成长环境。

日本诺贝尔化学奖获得者福井谦一，小时候家境富裕，父亲对小谦一寄予了很高期望。

为了让他有一个良好的学习环境，举家从乡下搬到了大阪府的岸里，并且将他送进了这里一所有名的学校学习。

小谦一的数学和德语每次都能取得好成绩，但他对化学缺乏兴趣，因此，每次化学考试过后成绩都很不理想。那是一个烈日炎炎的夏日，空气里好像着了火，烤得路旁的大树都似乎耷拉着脑袋，路上也几乎看不到行人，若在平时，小谦一早就躲在阴凉的房间里避暑了，可是今天，他在街上游荡了半天迟迟不敢回去，手里还拿着一张刚发下来的试卷。

"唉，这次化学又没有及格，回去怎么跟爸爸说啊，这都好几次了，他肯定会对我感到很失望的。"小谦一一边唉声叹气，一边苦恼地想着。

"但是总要回去的啊，自己这么游荡下去，家里人也肯定要担心的，而且肚子早就饿了，总得回家吃午饭吧。"想到这里，小谦一决定硬着头皮回家去，他想着大不了被爸爸训斥一顿。

刚回到家，小谦一就发现爸爸正在客厅里等他回来，他紧张极了，红着脸，低下了头，对父亲实话实说："爸爸，这次的化学考试我还是没有及格。"小谦一不敢抬头看爸爸的表情。

过了一会儿，头顶传来了爸爸低沉的声音："把你的试卷给我看看吧。"

看到儿子试卷上的分数，爸爸心里再次感到了一丝失望，但是他知道儿子的心里已经很难过了，不能再打击他的自信心，调整了一下情绪，他转而面带微笑地对小谦一说："这次考试没及格，不代表以后也不能及格啊，爸爸相信小谦一只要努力了，就一定会取得好成绩的，是不是啊，儿子？"

小谦一没想到爸爸不仅没有打他骂他，还鼓励了他，心里一热，眼泪就止不住地流了出来，哽咽着说："爸爸，我不是学习的料，我怕您到最后会对我失望，我还是不要读书了吧！"

爸爸听见小谦一的话后，认真地想了想该如何来安抚和鼓励孩子，"爸爸相信我们家小谦一是一个努力的好孩子，只是现在在化学上遇到了一些困难，只要小谦一多花一点时间，爸爸相信一定能取得好成绩的。爸爸相信小谦一也不会因为这一点困难就退缩，所以小谦一也要相信自己，无论遇到什么样的难题，都要对自己充满了信心，相信通过努力最终你能成功的。"

得到了爸爸的鼓励，小谦一开心地笑了，从那以后他更加用功，并

在爸爸的帮助下，制订了一套详细的学习计划，充分利用每一分钟，并且积极地向老师和同学请教，上课认真听讲，课后努力复习。就这样，小谦一的化学成绩明显取得了进步，在接下来的考试中也慢慢地从不及格到及格，甚至后来获得了诺贝尔化学奖，取得了令人瞩目的成就。

孩子的失败并不可怕，重要的是孩子在失败了以后父母应该如何引导，才能让孩子重新树立信心。好父母不会一味地苛责、打骂孩子，不会将目光只是聚焦到孩子的失败上，更不会将自己失望的情绪清楚地摆在孩子面前，好父母理应压制住心中的消极情感，积极正面地引导孩子，帮助他分析失败的原因，并且告诉孩子一次失败并不代表什么，最要紧的是从失败中吸取教训，总结经验，并且适当调整处事或学习的方法，鼓励他们通过自己的努力最终会获得成功的。

面对失败和挫折，孩子往往会不知所措，这时就需要父母的正确引导。著名访谈类节目主持人及企业家杨澜认为，一位合格的母亲理应注重孩子健康人格和思维方式的培养，书本上的知识可以通过不断的学习来获得，但是，孩子在面对挫折和困难时如何克服心理上的恐惧感，如何处理好周围人投射来的羡慕、嫉妒或者轻视、不理解的眼光，这些都需要父母耐心的引导。

给孩子创造一个宽松的生活氛围，以朋友的姿态出现在孩子的世界里，让孩子自由大胆地说出他们的心里话。当孩子遇到了挫折，父母要以身作则积极地去面对，并给予孩子理解和鼓励，让孩子重新找回自信。

那么，当孩子在成长过程中遭遇失败时，父母应该怎样做呢？

（1）在孩子面前隐藏好自己的消极情绪。

在成长过程中，孩子遭遇到了偶然的失败是在所难免的，父母应该觉察到遭受失败后，最伤心难过的莫过于孩子自己，因为在他们看来自己的努力被否定了，如果父母这时候在孩子面前流露出失望、愤怒或者不可理解的眼神或者采取消极的处理方式，将会加深孩子的痛苦程度，伤害孩子的自尊心和自信心，甚至会造成无法挽回的后果。因此，在孩子遭遇失败时，父母应在孩子面前隐藏好自己的消极情绪，用积极的态度来鼓励孩子，和孩子一起找出失败的缘由，并提供可行的建议，让孩子走出失败的阴影。

（2）注意自己的说话方式。

在面对孩子的失败时，不要破口大骂或者严厉批评，应先轻声细语地安抚孩子的情绪，和孩子坐下来慢慢沟通，说话时注意自己的语气和语调，尽量采用温和的口吻，但是在某些情况下，为了让孩子意识到自己的错误可适当调整语气，但需在孩子可接受范围之内。

（3）帮助孩子树立自信心。

成长过程中的失败往往会打击孩子的自信心，好父母在孩子遭遇失败后最先做的应该是帮孩子重新树立信心，对孩子表示相信和鼓励，向他们投射关爱的眼神，让孩子看到父母的真心，让他们相信自己在父母的心目中一直都是积极上进的好孩子。作为父母这样做对孩子克服困难，走出失败的阴影无疑是意义重大的。

本节家教智慧

美国伟大的发明家爱迪生曾说过："失败也是我需要的，它和成功一样对我有价值。"

对于许多孩子来说，失败并不可怕，可怕的是失败后父母失望的眼神和厌恶的表情。聪明的父母在孩子失败后能成为孩子的精神支柱，帮助孩子重获自信，让孩子从失败中总结经验，积累教训，培养孩子正确面对挫折、积极乐观的心态。而有些父母往往与此相反，他们只顾自己内心的不满情绪的畅快发泄，忘记了孩子才是最难过的那个人，最终在怒骂指责中渐渐击溃了孩子的自信以及孩子对父母的信任和依赖。

3

家长犯了错，也要向孩子道歉

人非圣贤，孰能无过。作为父母，在自己做错了的情况下，是否能蹲下来跟自己的孩子说声"对不起，错怪你了"？大部分家长或许会这样想：自己身为家长，做错了事情向孩子道歉，那岂不是在孩子面前失去威信了。于是，许多父母为了维护自己在孩子面前所谓的"威信"、"面子"，即使自己做错了事情或者错怪了孩子，也不会主动向孩子道歉。其实，犯了错误却不能以身作则地承认自己的错误，这样的父母在孩子心里已经失去了威信，而且孩子也会模仿父母的行为，最终养成了犯了错也不承认，更不知道改正的性格。相反，勇于承认错误的父母，更能得到孩子的信任和尊重。

"金无足赤，人无完人。"每个人都难免犯错误，为人父母者也一样，有时候关心则乱，因此犯错误在所难免。作为父母犯了错误，就要放下家长的架子，真诚、及时地向孩子承认错误并道歉，这样的言传身教不仅有利于维护家长在孩子心目中的形象，更有利于孩子的成长与发展。

诺贝尔生理学及医学奖获得者艾德里安是英国著名的神经生理学家，艾德里安定律就是以他的名字命名的一条伟大发现。他出生于一个贵族家庭，父母都受过良好的教育，他们重视对儿子的教育，但不蛮横，家庭气氛较为民主，对于该做的或者有意义的事艾德里安的父母从来不阻止，但是不能做的也坚决不允许。

小艾德里安从小就对解剖感兴趣，小时候经常解剖一些小动物，如小昆虫、小老鼠等等。一天，小艾德里安在河边玩耍，忽然看见岸边躺着一只死狗，他想到自己昨天刚在一本生理学的书上看了有关解剖狗的知识，今天恰好用这只狗，来试验一下，想到这小艾德里安很兴奋。于是，费了很大的劲将那条死狗拖上岸，开始了他的解剖工作。他掏出随身携带的小刀、笔记本和钢笔，一边解剖，一边记录，全身心地投入到了这件事情中，甚至忘了回家的时间。

已经很晚了，小艾德里安的母亲看到孩子还没有回家，开始焦急地四处寻找，一位熟人告诉她小艾德里安在河边，正在玩一条死狗，浑身弄得脏兮兮的。于是，她马上跑到河边。当她看到艾德里安正在那里摆弄死狗时，便怒不可遏地严厉责骂道："你把谁家的狗打死了？妈妈平时是怎么教你的？"

小艾德里安心里十分委屈，他对母亲说："妈妈，这条狗不是我打死的，是我在河边玩的时候看见的，那时它就已经死了，躺在河边呢，不信你过来闻闻是不是已经臭了。"

"就算这样，你也不能这样对待小动物啊，你看你把它的身体弄得残缺不堪了。"妈妈仍是不赞同地说道。

"妈妈，我这是在解剖呢，你来看看我的解剖记录，我还发现了不少自己以前不知道的东西呢！"小艾德里安见妈妈的语气缓和了赶紧解释道。

母亲冷静了下来，并且回想自己的儿子从小就对解剖感兴趣，因此她意识到自己错怪了儿子，立刻向小艾德拉安真诚地道歉："对不起，妈妈错怪你了。妈妈向你保证以后不再冤枉你了。"

小艾德里安得到妈妈的理解和支持后开心地笑了，在妈妈的注视下继续开始没有完成的记录。艾德里安在成长的过程中，正是因为有了妈妈的支持和理解，才有了他日后在生理学上的伟大成就。

作为父母应该学会在做错事情或者错怪了孩子后及时地向孩子道歉，放下家长的架子，真诚地对孩子说声"对不起，我错了。"通过言传身教来教育孩子做一个敢于承认错误的人。也许有些家长认为在孩子面前道歉失去了家长的威信，或者觉得"自己是孩子的父母，哪有父母给孩子道歉的道理。"然而他们却不知道，正是这种家长的架子使自己和孩子之间的距离越来越远。那么，作为父母应该如何正切对待自己在孩子面前犯的错误呢？

（1）不要在孩子面前掩饰自己的错误。

家长犯了错误不要急着掩饰，也不要用"小孩子年纪小不懂"这样的

话来误导孩子，应该以自己的错误为例来正确引导孩子意识到这种行为是不对的，以此制造一个教育孩子的良好机会。

（2）真诚并且及时地向孩子道歉。

父母错怪了孩子后要真诚地向孩子道歉，让他们感受到父母的诚心，不能敷衍了事，只是一句简单的"我错了"。要结合自己的身体语言诚恳地表现出来。给孩子道歉要及时，错怪了孩子，误导了孩子的价值观和是非观，必须及时纠正，而纠正的最佳途径就是及时地向孩子道歉，让他们明白自己的是非观并没有出现偏差，这样有利于孩子的健康成长。

（3）选择适合孩子的道歉形式。

不同年龄阶段的孩子在想法上也存在偏差。年龄较小的孩子心思较为单纯，因此，父母在错怪孩子后，应向孩子承认错误并道歉或者给他们买一份礼物来表示自己的歉意，让他们看到父母明显的转变。而对于年龄大一些的孩子，父母除了向他们承认错误并真诚地道歉以外，还要向他们解释自己犯错误的原因，让他们意识到父母一直都是支持自己的。

据不完全统计，越来越多的家长已经意识到向孩子承认错误并真诚地道歉在孩子成长过程中的重要性，在民主国家尤其如此。在家庭生活中，父母应作为子女的朋友与其平等相处，做错了事或错怪孩子的时候，道歉要真诚、及时，因为父母这样做，有利于帮助孩子形成正确的是非观和价值观。

本 节 家 教 智 慧

对于孩子来说，父母就是他们学习的榜样，是他们是非观、人生观的标杆。如果父母犯了错能及时并且真诚地承认错误，那么孩子在犯了错之后，也会学着自己父母那样勇于承认错误，并真诚地向他人道歉。父母是孩子行为的榜样，潜移默化中影响着孩子的是非观和人生观，良好的言传身教会为孩子的成长提供一条正确的道路。

4

抽出一些时间，听孩子讲讲心里话

许多父母都在苦恼着一件相同的事情，自己的小孩随着年岁的增长让家长越来越难以理解，也越来越无法沟通，父母不知道自己的孩子在想些什么，而大多数孩子也从不主动告诉父母自己的心事。

一位刚上初二的少女在学校组织的一次座谈会上踌躇了很久才站起来告诉在场的老师和同学，自己有很多心事，却找不到一个可以倾诉的人，有些事不能和朋友说，但是也绝不会告诉父母，因为他们不能理解自己。一位离家出走的孩子被寻回后在自己的博客里写道："我现在对自己完全失去了信心，不管是学业上的还是生活上的，我常常会害怕自己考得不好而被父母逼问，他们只会因为我考得不理想而谴责我，从来不会问问我考得不好的原因，每次考试后我感受到的不是轻松而是一种无法说出来的窒息。"

这似乎是一个极其紧迫的家庭问题。一次，一位执教四十多年的语文老师告诉记者，在他几十年的语文教学生涯中接触到了无数的学生，从这些学生身上他发现了一个严峻的问题，越来越多的学生在写有关爸爸妈妈的作文时无话可说，追问原因，大部分学生说自己和父母无法交流，曾经有一位学生在作文中这样写道："爸爸妈妈，请停下你们的脚步，转过你们的眼神，我只想占用你们一点点的时间，让你们听听我的心里话，我理解你们为了家庭而整天忙于自己的工作，可是爸爸妈妈，我们有多长时间没有一起聊过了？你们有多长时间没有和我一起玩耍过了？有时候我很想跟你们说说我的心里话，可是你们是那么忙碌，这让我胆怯了。"

李开复在给家长的一封信中劝告中国的家长，尤其是那些忽视了孩子的家长，无论你们多么忙，都要抽空陪陪自己的孩子，陪孩子一起玩耍，

和他们平等地聊天、谈心，告诉他们你们每天所做的事情，不要因为孩子知识匮乏而忽视他们的意见，不要用自己那些已经过时的观点来否定孩子的想法，多接触流行的事物，比如流行音乐、电影、服饰等等，消除自己和孩子之间的障碍，不要将自己的怒火无缘无故地发泄到孩子身上，孩子犯错后要多问原因，告诉孩子自己的想法，帮助孩子找到改正错误的正确途径。健康的家庭关系是父母和孩子能够进行良好的沟通，所以，作为父母要偶尔停下自己匆忙的脚步，听听孩子内心的声音。

香港凤凰卫视资讯台副台长兼新闻主播吴小莉有一个聪明可爱的女儿。作为副台长兼新闻主播，吴小莉每天工作繁重。但是正因为知道自己工作忙碌，没有太多的时间陪伴女儿，因此，每当休息或空闲的时候，女儿就成为了吴小莉关注的中心，空余时间她会陪孩子读书、和孩子去游乐场，与她聊天、玩耍，孩子对她的依赖是她幸福生活的源泉。每年的"六一"儿童节，无论自己多忙，她都会抽空陪孩子度过这个愉快的节日。如果有机会，她会陪女儿一起等校车，在和女儿玩耍时她完全变成了一个大孩子，她允许女儿在自己身上贴小纸条等一些小孩子喜爱的东西。吴小莉在和朋友聊起自己的孩子时，总是幸福地说自己经常会和女儿抢食物和玩具，也会和女儿在家里用枕头当武器来玩闹。在女儿的成长过程中，吴小莉并没有因为自己工作忙碌而忽视和孩子相处的机会，而是在忙碌的生活中分出一些时间来和女儿交谈、玩耍，女儿会经常对她说："妈妈，我要你哦！"她是女儿心中最为依赖的伴侣。

每个人都需要有人真诚地聆听自己的心声，每个人都有自己的心事需要发泄和倾述，孩子也是，也许在父母眼里他们只是小孩子，可正因为是小孩子，他们对这个世界不了解，对自己所遇到的问题感到茫然，所以更需要倾述，更需要爸爸妈妈能跟他们一起分享愉悦和欢乐，分担心事和烦恼。所以，作为父母，要给孩子留出一点时间，用真诚的态度聆听孩子的心声，与孩子进行平等交流，减少孩子的抵触情绪，给孩子提供向自己敞开心扉的机会，这样，孩子才会快乐地成长，父母和孩子之间才能建立融洽而和谐的关系。

有些父母以自己工作忙没时间为借口，忽视与孩子内心的情感沟通，为了弥补自己的疏漏，转而从物质上来弥补孩子，最后却发现孩子对自己越来越冷漠，离自己也越来越远。

因此，不管工作如何忙碌，作为父母都要偶尔停下自己的脚步，将自己的注意力转移到孩子身上，分给他们一些时间，听听他们内心的想法，让孩子靠近自己。做一个智慧的父母，就要了解孩子，同时要让孩子了解自己，那么，如何才能让孩子了解自己的父母呢？

首先要告诉孩子自己在忙什么，忙碌中留出陪伴孩子的时间。

工作繁忙不是理由，好父母理应告诉孩子自己在忙什么，尽管孩子可能不懂，但是他接收到了来自父母的关心和在意，感受到了父母正以平等的态度对待自己，孩子也就会理解父母工作的忙碌。在空闲的时候或者节假日的时候多陪陪孩子，带他出去旅游、去游乐场，或者呆在家里做双方都喜欢的事情，或只是简简单单地聊天。父母用心去关心自己的孩子，孩子自然能够感受到父母的爱。

其次，父母可以偶尔带孩子进入到自己的工作环境。

孩子大多数时候都不太能理解为什么自己的父母总是如此的忙碌，善于观察的父母这时候就会将孩子带到自己工作的场所，让他们切实感受到这种忙碌的工作氛围，这样孩子在心理上也会更容易理解父母了。

最后，注意观察自己的孩子。

孩子慢慢长大，遇到的事情也会越来越多，他们会迷惑、会困扰、会感到沮丧或者兴奋。父母要细心地观察到孩子的点滴变化，以平等且温和的方式和孩子谈心，不要用责备或者失望的语气，也不要用太多断定性的话语，要对孩子表示充分的理解，认真聆听，然后提出自己的意见供孩子参考。教育孩子需要用心，不论多忙，作为父母，都要抽出时间与孩子聊聊天，让他感受到父母对他的在意。

本节家教智慧

　　孩子的健康成长离不开父母的关心，不要因为忙碌而忽视了自己的孩子，父母有必要抽出一定的时间来陪陪孩子，听听他们的心声，了解他们内心的想法，帮助孩子排除心中的困扰，分享孩子的喜悦与成功，让他们体会到自己被父母所重视。信任是在生活中一点一滴的小事里建立的，成功的父母明白如何处理这些细节。

5

做孩子的朋友，而不是孩子的领导

许多父母都急切地渴望孩子能朝着自己希望的方向发展，并将自己的这种渴望毫不掩饰地在孩子面前表现出来。然而，为了实现这种渴望，大部分父母在教育孩子的过程中采取了领导对下属的错误教育方式，他们总是喜欢用"你应该"、"你不应该"，或者是"你必须"、"你不能"等等带有命令色彩的词语来蛮横地干涉和限制孩子的行为。在向孩子传达自己意愿的过程中甚至还经常伴随有不同的肢体动作，比如面部表情忽然变得严肃起来，双手插在腰间，声音突然拔高大吼大叫等等，除此之外，长篇大论的说教方式也是父母们经常采取的教育方式，他们试图通过这些方式从思想和行为上对孩子施以影响。他们为孩子制定学习计划，为孩子决定将来从事的职业，在孩子的成长过程中，这些父母起着领导作用，用对待下属的方式教育着自己的孩子。

刚进入初三的张涵是武汉六中的一名学生，新学期刚开始，妈妈就给她制订了一份学习计划，满满的一张纸将张涵整个星期的时间都给占用了。除了学校每天的课程外，张涵放学后还得去辅导机构写作业，周六上午去补习英语，下午补习数学，星期天上午还有物理辅导，而剩下的周日下午还要去作文班。

看着妈妈手里的这份作息表，张涵表示坚决反对："我知道自己进入初三了，再过一年就要中考，所以得加紧学习，但是你们也不能将我的休息时间全部排满吧，我是人，不是机器，需要有放松的时间。"

"妈妈这样做都是为了你好，不加紧学习，怎么考重点中学啊？"妈妈虽在劝说张涵，但是语气坚决。

"我知道你们是为了我好，但是你就不能给我留点时间让我自己安排

吗？"张涵急了，向妈妈哀求道。

"你自己能做什么安排啊？你现在唯一要做的就是认真学习。"张涵妈妈不相信女儿自己能做出好的安排。

"可是你们就不能尊重一下我自己的想法吗？我需要学习，但是我也想在周末的时候去做一些自己喜欢的事，我想学游泳，想和同学去打网球。"

"这就是你的安排吗？现在都什么时候了，你还想着玩。不行，这件事情就这么决定了，每个周末就按照妈妈给你计划的去做，妈妈也是为了你好。"听了张涵的话，妈妈更加生气了，张涵的计划最终也没能得到妈妈的同意。

在日常生活中，许多家长把自己摆在领导的位置上，蛮横地干涉孩子的行为，在他们眼里，孩子是自己的私有财产，因此必须听自己的话。他们认为自己这样做是为了孩子着想，可是这种自私的行为却让孩子受到了伤害，孩子有可能因此而变得越发依赖父母，不能独立成长，也有可能因此而越来越厌烦自己的父母，与父母之间产生隔阂。每个人都希望得到别人的尊重，同样，孩子也是，他们也有强烈的自尊心。作为父母，理应注意保护孩子的自尊心，把孩子当作独立的个体来看待，和孩子之间以一种平等的关系相处，以一个朋友的角色出现在孩子的生活学习中，放手让孩子决定一些事情，相信他们，理解并支持他们，这样才能和孩子建立一种和谐的关系，赢得他们的尊重。

一生中大约创作了200部作品的肖邦，是19世纪波兰最伟大的音乐家。他并不是出生于贵族家庭，父亲尼古拉·肖邦年轻时也只是一个普普通通的贫农子弟，在一所寄宿中学教书，一生中经历了各种各样的磨难与挫折，因此，父亲希望儿子不要再像自己一样受苦受累。他对肖邦抱有很大的期望，希望自己的儿子将来能从政，最好能升到部长甚至是更高。所以，尽管自己再贫穷，他也没有忽视对儿子的教育。

但是，令尼古拉·肖邦感到极度失望的是儿子对于从政没有丝毫的兴趣，反而深深地喜欢上了音乐。可是，在尼古拉的心目中，音乐家就是落魄、穷困的象征，这些人往往过着贫困潦倒的生活。因此，父亲尼古拉想尽办法让儿子将注意力转到从政上面来，让儿子朝着自己期望的方向发展。

但是，音乐对于小肖邦来说具有致命的吸引力，无论父亲怎么引导，他还是对从政没有丝毫兴趣，对音乐的兴趣反而愈加浓厚。看到儿子这样顽固，父亲尼古拉虽然感到极度失望，但也并没有再强求儿子从政。冷静下来之后的尼古拉发现儿子在音乐上确实很有天赋，于是也不再反对肖邦学音乐了，还给儿子请了当时著名的捷克音乐家阿达尔贝特·兹尤威尼来当肖邦的音乐老师。父亲的支持让小肖邦感到快乐，在老师的指导下，肖邦的音乐才华得到了更突出的显现。8岁的肖邦顶着压力，在人们不信任的眼神下在华沙首次公开演出，此时，肖邦的音乐才华不仅震惊了评委，更震惊了在场所有的听众。当然，最高兴的还是他的父亲尼古拉，他很庆幸自己当时没有以父亲的身份继续蛮横地干涉孩子的选择，而是对孩子的选择从行动上表示了支持。从这以后，肖邦一举而成为了波兰伟大的作曲家和钢琴家。

作为父母就应该像肖邦的父亲那样，在孩子的成长过程中，给予理解和支持，而不是摆出一副家长的架子，用领导对待下属的方式和态度来教育自己的孩子，父母要减少发号施令的次数，要知道孩子不是你的附属物，他们有自己的想法，有自己思考问题的方式，有享受自由和发表意见的权力。作为父母，要将自己的姿态放低，把孩子当朋友，仔细聆听他们的心声，尊重他们心底的渴求，把他们当作独立的个体来看待，将孩子放到与父母同等的位置上，进行朋友般的沟通与交流。多听听他们的想法，少替他们做决断，在和孩子聊天的过程中多用"你觉得呢？""你有什么好的想法呢？""妈妈这样认为，你看看怎么样？"类似这些商量的语气，在孩子和父母之间会营造一种和谐的气氛。

父母要想得到孩子的信赖和尊重，成为孩子的朋友，在教育孩子的过程中，应当注意以下几点：

（1）区分家里和工作场所。

在忙碌了一天后，父母在工作时可能受了很多气，但切忌将各种不好的情绪带回家，很多例子显示，父母经常会将在工作场所中受到的气撒在孩子身上，这样做很容易让孩子反感，甚至因此讨厌父母。

（2）不要用命令的口吻和孩子说话。

孩子不是你的下属，也不是你的私有物，要把孩子当成独立的个体来看待，注意将孩子放在和自己同等的地位上。长时间处于父母命令口吻下的孩子会对父母产生害怕、恐惧的心理，继而无法让自己的孩子主动亲近自己，这样很不利于孩子的健康成长。

（3）多和孩子交谈，学会欣赏自己的孩子。

有些父母之所以会以领导的方式来对待自己的孩子，很大程度上是因为他们不懂得如何欣赏孩子，没有用心发现孩子的优点。有些人总喜欢拿自己的孩子与别人的孩子做比较，这样的人往往处在两个极端，一个极端是觉得自己的孩子哪方面都比别人好，另一个极端就是觉得自己的孩子任何一方面都不如别人，这就是不懂得真正欣赏自己的孩子，作为父母要善于发现孩子的优点和缺点，而且对于缺点不能一味地指责，要委婉地提出来，并和孩子一起寻求解决办法，对于孩子的优点要及时给予表扬。

（4）充分尊重孩子的想法和选择。

要充分相信孩子，给孩子留一片自主的空间，多观察自己的孩子，了解他的各种兴趣爱好，不要强迫孩子做他们不愿做的事情，而是要对孩子进行积极地引导。好父母是孩子的朋友，他们深谙让孩子信赖自己而不是惧怕自己的教子心经。所以，作为家长，要做孩子的朋友，而不是孩子的领导。

本 节 家 教 智 慧

孩子不是你的下属，也不是你的玩偶，作为父母要充分理解自己的孩子，多和孩子交流沟通，给孩子留下选择的空间，不要蛮横地干涉孩子的未来。和孩子做朋友，从朋友的角度为孩子提供合理的意见，有分歧时心平气和地和孩子商量探讨，这样才能营造一个和谐的氛围，拥有一个幸福的家庭。

第六章

不要把工作中的坏情绪带回家

——保持工作和家庭的平衡

心理学家普遍认为，孩子的问题就是家庭的问题。孩子的所有问题都是引发家庭矛盾的导火索，孩子的问题，更深层次的原因还是来自家庭，因此，解决了家庭问题，孩子的问题也就自然消失了。

和谐、温馨的家庭会让孩子更加健康、开朗、阳光，不和睦的家庭，却会让孩子变得暴躁易怒，甚至内心阴暗。因此，对孩子来说，良好的家庭氛围对其良好的人格和性格的养成，有着很大正面影响。

心理学家认为家庭模式是会"遗传"的，父母之间的关系、对待家庭的态度往往会被孩子"继承"下来。在每个家庭中都能找到原生家庭的影子。其实这些都是家庭关系在孩子小时候打下的烙印，只是那时候孩子还小，这些东西被压抑在了潜意识之中。等孩子长大后，遇到同样的情景时就会无意识的表现出来。这就是所谓的家庭模式"遗传"。

1

记住：不要把工作上的坏情绪释放在孩子身上

在这个快节奏的时代，每个人都承受着来自生活与工作中的各种压力，然而在人前，为了保持自己的形象，人们会时刻隐忍、压抑着这些压力和因各种原因产生的坏情绪。但是，离开了工作场合后，有很多人会把这些压力和坏情绪带回家中，向家人无节制地发泄，但压力得到释放的他们没有意识到，将坏情绪带回家中会严重影响家庭关系，特别是影响孩子的成长。

张小东是育才中学的语文老师，工作非常认真，经常早出晚归，备课至深夜，还时时留校辅导学生。不过近来张老师变了很多，工作不再积极，一脸的疲倦。因为他发现自己原本聪明、阳光的儿子张灿经常一个人坐着发呆，而且像躲瘟神一样躲着自己，成绩更是一落千丈。这让张老师非常郁闷，睡眠也跟着受影响。

无奈之下，张小东老师找到了著名的心理学家钱铭怡教授进行咨询。钱教授的分析结果让张老师大吃一惊，这一切原来都是由张老师打儿子那一耳光引起的。

两个月前，学校下发了优秀教师评选的通知，连续几年得到"优秀教师"称号的张老师毫无悬念是这次评选的最佳候选人，结果却大出张老师的预料，刚来不久的刘老师获得了今年的"优秀教师"称号。表面上张老师对这件事好像很不在意，心底里却感到异常郁闷。这件事情严重影响了张老师的工作积极性，上课也常常心不在焉，回到家中也没有了以前的亲切感，特别是对自己的儿子，怎么看他都不顺眼，看到他就想骂他。一天下班回家后，见儿子居然在打游戏，这让他大发雷霆，把儿子大骂了一顿后，竟然还动手打了儿子一耳光。儿子呆了几秒，而后冲进自己的房间，把门一关就开始哇哇大哭。当时张老师也没多想,气呼呼地坐下来看电视。

第二天早上,张老师去儿子房间叫他起床,发现儿子坐在桌前发呆,看到自己来了,像躲瘟神一样躲着他。自那以后,儿子就常常这样。钱铭怡教授说,这是他将工作中的坏情绪带回家中的结果。为此张老师后悔不已。

角色冲突,特别是不同角色间的冲突是很多负面情绪产生的罪魁祸首。社会心理学家认为角色间冲突常常是由于人们角色期望的不同、角色领悟的差别以及人们没有按角色规范行事等原因引起的冲突。最常见的就是上述案例中,这种将工作情绪带回家中的现象。将工作情绪带回家中,会严重影响家庭关系,特别是对孩子的教育非常不利。

家庭是孩子成长的摇篮,父母是孩子的第一位老师,也是非常重要的老师。孩子,特别是小孩子,身心正处在发展之中,其人格须在成年早期才能稳定,期间,父母的教育方式、人格特点、行为方式将对孩子的人格成长产生巨大的影响。

美国著名心理学家班杜拉认为,孩子的行为都是通过观察学习得来的。所谓观察学习,就是儿童在生活中观察、模仿榜样的行为,得到强化,形成自己的行为模式的一种学习。班杜拉认为,环境,特别是榜样对孩子的影响特别大。这里的"榜样"指的是孩子观察模仿的对象。孩子通过观察模仿榜样行为,通过榜样行为的结果强化自己的行为,最终形成自己的行为模式。

将坏情绪带回家中,对孩子、配偶进行发泄、争吵,最终都会影响到孩子的人格发展。孩子尚小,心智尚幼,行为模式没有形成,在处理坏情绪时,孩子并不知道还有更好、更科学的方法进行处理,而家庭中的这些"发泄"方式,则会被孩子误以为是一种定式,误以为坏情绪本该如此处理,进而内化这种行为模式。所谓"虎父无犬子"、"将门虎子"等等其实都是一个道理。在孩子人格发展期间,孩子模仿父亲的行为,并将之内化为自己的行为方式。在其成长之后,自然而然就表现出来了。

而且,将情绪发泄在孩子身上,还会让孩子产生恐惧心理,惊吓到孩

子，让孩子没有安全感，导致某些需要不能满足，影响其以后的心理健康发展。

奥地利心理学家弗洛伊德认为，心理异常产生的一个原因就是，孩子小时候的某种需要没有得到满足。这种因需求没有得到满足而产生的情结虽然被压抑在潜意识中，但在一定条件下还是会发挥作用，导致心理问题的产生。发展心理学家认为，幼儿最重要的需要就是安全感的满足。如果这个时候将工作中的情绪发泄到孩子身上，使之安全感得不到满足，那必然会影响孩子的一生。

所以在家庭教育的时候，切记不要将工作中的情绪带回家，不能把气撒在孩子身上。情绪是具有感染力的，负面情绪将影响孩子的心情，并使孩子觉得是自己做错了，才让父母生气的，从而产生自卑、焦虑、抑郁的情绪，影响孩子的健康成长。

本 节 家 教 智 慧

今天的坏情绪，明天的大后悔。每次回家前深呼吸，放下情绪，开心地陪伴孩子玩耍，度过一段欢乐的家庭时光。这既是一种享受，也是孩子健康成长的保证。

2

工作再劳累，也不要冲着孩子大吼大叫

　　孩子非常天真，在他的世界里，只有自己和父母，并且这两者常常是连在一起的。父母要是在孩子面前流露出了一点不高兴、不愉快，孩子一定会内归因，认为父母之所以不高兴，就是因为自己哪里又做错了。这对孩子的成长是非常不利的。

　　在教堂里，一位老夫人正在忏悔，这位太太三十年来每天都在这忏悔，每次她都要忏悔几个小时才走，因为她的孩子是因她而失踪的。这位太太叫露西，是老格林的太太。除了忏悔外，格林太太每天都游走在大街上，一边贴寻人启事，一边寻找自己的孩子。

　　三十年前的5月8号晚上，那是一个噩梦，格林太太永远都记得那一天。晚上十点，天还下着大雨，"这真是糟糕的一天！加班到现在，连天气也欺负我！"格林太太心里想着。不一会就到了家里，打开门，她看到十岁的小格林正在看电视，顿时心里一股无名火，对着小格林吼道："你怎么还在看电视啊！赶快去睡觉！工作这么累，我烦着呢！"小格林愣了一下，委屈地看着她，说："妈妈，我想再看一会，就一会。""不行！"小格林双眼噙着眼泪，委屈地回房间了。

　　第二天早上起来，格林太太发现小格林还没起来，于是，就去了他的房间。不一会，格林太太就惊恐的冲了出去，手里拿着一张纸。

　　"怎么了，亲爱的？"老格林问道。

　　格林太太来不及解释，把纸一丢就跑了出去。格林先生拿起那张纸，也是一脸的惊恐！

　　那张纸上写道："爸爸，妈妈，我走了。你们不爱我了，我就是看一会电视，妈妈就发那么大的火，肯定是我做错了什么，你们不再爱我了，

才会这样的。以前我看电视妈妈都不会发这么大的火，一定是我做错了什么，让你们不再爱我了。我走了。"

自那以后，格林太太一直生活在痛苦与悔恨之中，也一直在寻找着她的孩子，可是三十年了，一点消息都没有。

孩子的世界是非常单纯的，在他们的世界里，父母的高兴是他们引起的，父母的烦恼也是他们造成的。因为孩子不会做理性的推理，他们的判断力是有限的。小孩子不能分析出父母是因为不开心，因为工作的烦恼而对自己发脾气的，相反，更多的孩子会认为是自己做错了什么事情才使得父母这么对自己的。这时，孩子会感到迷茫，不知道什么是对的，不知道怎么做才好，因为以前可以让父母高兴的行为，现在却使父母生气了。这让孩子很疑惑，无所适从。

父母总是因为工作中的劳累，对孩子大吼大叫，长此以往，会使孩子失去自信心，觉得自己无论做什么都不能让父母喜欢、高兴，认为自己是不被喜欢不受欢迎的人。在幼年就形成这样的自我认知，会对孩子的自信心和将来的发展产生很大的负面影响。这种内归因的归因方式也会被保留下来。

美国著名心理学家维纳提出了著名的归因理论，他认为，内归因的人，在取得成功的时候倾向于外部不稳定归因，即认为他所获得的成绩都应归因于运气好，这种人对成败几乎没有任何感觉；而在失败的时候却倾向于内部稳定性归因，即认为失败是由自己的能力不足造成的，这种人会自责，自卑，认为自己一无是处，一无所用，在失败时会体验到非常大的痛苦。维纳还认为，只有内部不稳定性归因的人，才会将自己的成功与失败归因为自己努力的程度，才会有较高的努力动机，并获得成功的满足感。

如果孩子形成了这种内部稳定性归因的话，这个孩子以后将不再有自信，而总是会觉得自己一无是处，从而听天由命，终难有所成就。即使成功了，也会认为是自己运气好罢了。

在孩子面前一定要调整好自己的心情，将烦恼放下，开开心心的陪伴孩子。如果将工作带来的坏情绪发泄在孩子身上，而引起了孩子的情绪变化，一定要及时发现、停止，并对孩子进行情绪上的抚慰。要告诉孩子，自己发脾气的原因不是因为孩子做得不好，只是自己工作上的事情让自己心烦，孩子是最棒的。

本 节 家 教 智 慧

工作可以带回家，但是家庭不是工作的延续。不要因工作辛苦向孩子发泄情绪，要给孩子一个温馨的家庭环境。

3

不要把工作的规则带回家

习惯是一件好事，也是一件最大的坏事。

当今社会，人们似乎和外人在一起的时间多，而陪家人的时间少。和外人在一起的时候，每个人都有一定的伪装，或者说带着一定的面具。时间久了，就会形成习惯，形成一种固定思维，特别是处于管理阶层的人。工作中的规则是竞争与合作，控制与征服；家庭关系的规则应是和谐、理解与体贴，相互支持，相互提携。这两种规则有所冲突，若将工作中的习惯、规则带回家中，不但影响家庭关系，更不利于孩子的教育。

北大心理咨询室来了一个新生，她叫王艳娜，来到北大本来是件开心的事情，可是她却提不起一点兴奋劲来，因为她发现室友都不喜欢她，都很小气。

杨老师问她，为什么这么说？王艳娜说道："在寝室，她们不帮我带饭，叫她们帮我收一下衣服都不肯，打开水也不帮我。真是小气死了！"

杨老师问："你会帮她们打开水吗？"

"我帮她们打？才不呢！我在家都不做这些事情，凭什么要帮她们？"王艳娜说。

杨老师问："那她们为什么要帮你呢？"

杨老师了解到，王艳娜家里条件比较好，父亲是阳光房地产公司的老板，母亲是家庭主妇。在公司，他父亲是中心，什么事情都是由部下做。在家里，她父母亲的关系也是这样，父亲一回家就坐到沙发上看电视，什么事都由她母亲做，甚至父亲要喝水也是让她母亲递过来。父亲说做什么，她母亲就做什么。杨老师觉得也许是因为这个原因，影响了王艳娜的行为。所以，当她来到学校后由于环境的不同，才会出现这种不适应。

把工作规则带回家，潜移默化中，孩子就会内化这种行为方式。在公司是老板，习惯了指使别人，一副领导的派头，回到家中却不知道调整，仍然这样指使家人，要家人服侍，这样的家庭会缺少关爱，没有亲情，气氛冷淡，没有一个家本应具有的味道。在这种环境中成长的孩子，体验不到家庭的温暖，也会变得冷淡，无情；助长自我中心感，事事以我为主。

若在公司只是一个小职员，习惯于附和，装老好人，将这种奉承人的规则带回家，这样的家庭必然是一种没有骨气的家庭，见谁只知迎合。孩子渐渐也会自卑，没有自信。

虽然这只是两种极端，但生活中的确不乏这种人的存在。

有这么一名老将军，建国前，立下了丰功伟绩，建国后，天下太平，没有战事，他就把家当成了战场，以前用过的地图、望远镜等时刻不离身，思考着战阵，没事就对妻子儿女颐指气使，还不时的以老将军的身份压他们。常常说："我是军人，就必须以军人的标准做事，军人的家属也要以军人的标准做事，只有服从！服从！再服从！这是组织的命令！"

将军有一个儿子，很倔强，从小就和父亲一样喜欢指挥别人。为了让他参军，将军坚决反对他参加高考，并觉得这是为他好。儿子当兵后，为了磨练他的意志，将军又给他安排了最苦最累也最没出息的岗位，并严格考核他，让他吃尽了苦头。将军认为这都是为了儿子好，磨练他的意志。然而，将军万万没有想到儿子最终记恨起了他，甚至最后与他断绝了父子关系。

这位将军就是没有处理好家与工作的关系。他将工作的规则带回了家里，把家当成了战场，才酿成了这样的悲剧。

家与工作一定要分开，家有家的规则，工作有工作的规则，两者不能混为一谈。每个人都在生活中扮演着多重角色，在家是子女，是兄弟，是父母；在工作中是员工，是经理，是老板；在生活中是朋友，是学生，是路人……这么多的角色难免会有冲突，甚至会产生角色失败。如果想不把工作中的坏情绪带到家中，希望保持家庭与工作的平衡，那么就必须将家庭角色和工作角色分开来。

如何才能将两者分清楚呢？

老子的"无为"思想值得借鉴。"无为"不是无所作为，而是为所当为，不可以作为。详细地说，就是做应该做的事情。或者说，做回自己的角色。角色是社会对从事某种职业的人的一些要求与规范。在工作中，就做好工作中的事情，做好上级交予的任务。回到家中，就做好家庭角色。作为夫妻，就做好夫妻该做的事情，现在的夫妻是平等的，家务也应公平分配；作为父母那就做好父母该做的事情，关心子女的成长，父母与孩子要相互理解；作为子女那就做好子女该做的事情，孝敬帮助自己的父母……

工作角色与家庭角色分清楚了，明确了自己要做的事情，工作规则就不会带回家，角色冲突自然也就好解决了。

本节家教智慧

家和万事兴，既不能将竞争带回家中，也不能把名利带回家里。创造一个和气的家庭，为孩子营造一个良好的氛围，才能陶冶孩子美好的情操。

不要经常拿工作中的辛苦教孩子

讨生活很艰苦，常年的辛苦工作，每个人多少都会有些负面观点。人人都希望自己的孩子生活得比自己好，希望孩子能够不走自己走过的弯路。尽管如此，家长也不要时不时拿自己工作中的那些艰辛教育孩子。

2013年热播的电影《致青春》中的陈孝正，相信大家都很熟悉。观众都很喜欢陈孝正，认为他是逆境成才的典范，其精神值得大家学习。然而，从某些方面来说，陈孝正也是个悲剧。

陈孝正少年丧父，一直由母亲养育成才。陈母为人刻板，为了纪念先夫，每餐吃饭的时候都不忘为之添上碗筷，盛上饭菜；陈母严格教子，不允许有任何失误；要求陈孝正的人生大厦不能有一厘米的误差。可以想象，在陈孝正成长的过程中，陈母没少拿自己夫妻俩的艰辛生活教育孩子。

这也是中国家庭教育孩子的一个普遍现象。父母经常拿自己工作的艰辛教育孩子要认真学习。"看爸爸妈妈这么辛苦，全都是为了你"、"我们这么拼死拼活的工作还不是为了你，你却不认真读书，怎么对得起我们？"、"一定要好好读书，才能有好的生活，不要像爸爸这样"等等教诲，这些话相信很多人都听过。

陈孝正成长过程中就没少受这种话语的教育。这也使得他的人格有些与众不同。通过他的那句"我父母从小教育我，我的人生不能有一厘米的误差"，以及在图书馆因为郑薇的作图出现了一厘米的误差而大发雷霆，便可以看出他的人格有些强迫，甚至是严重的强迫，并且还很焦虑，做什么事都谨小慎微，唯恐自己有一丁点的错误。由于生长环境的原因，陈孝正还很自卑、孤独。

在心理学中有一种现象叫"自证预言"，就是说个体会不自觉地按照

自己的预言来行事，最后使这个预言实现。比如有的学生认为自己不是读书的料，那么他的成绩一定会越来越差。因为他觉得自己不是读书的料，那么他无意识中就不会努力刻苦地学习，最后的成绩必然也不会好。在这个时候，他就会更加相信自己不是读书的料了。

在生活中如果父母经常拿"生活很苦、很累"、"世界是富人的世界"、"公平是富人的公平，穷人没公平"等类似的话教育孩子，那么孩子就会信以为真，并将之内化为自己的信念。等他们自己到了社会在工作中遇到困难的时候，他们就"豁然开朗"：生活果然很苦、公平果然只有富人才有……这样一来，结果有两种：一种是更加没有上进心，安于现状，不思进取了。另一种是因为生活没有改变从而觉得对不起父母的教育，而更加伤心，抑郁或者焦虑，甚至因此患上抑郁症、焦虑症最后自杀，这也是很常见的。而因"预言的证实"更加努力的人，通常比较少。

经常拿工作中的辛苦教育孩子，还会使孩子感到厌烦，产生抵抗。就像吃辣的人一样，辣椒吃多了，再辣的辣椒也就不辣了。教育也是这样。而且，这些心酸往事说多了，孩子还会觉得父母很啰嗦，特别是青春期的孩子本来就处在逆反期，父母说的越多，孩子越要往相反的方向做。

逆境能够锻炼人才，但也需要合适的教育方法，如果一味地拿自己在工作中遇到的辛苦来"教育"或者"恐吓"孩子是没用的。当然有些人会成才，但这些人的人格也多少会受到影响，像陈孝正一样，虽然成材了，却形成了一个强迫、焦虑的人格；而更多的孩子则是被吓坏了，最后在生活中证实了这些"预言"，看到的更多是社会和生活的阴暗面。

本 节 家 教 智 慧

　　逆境出人才，也要有合适的教育方法。并不是不能对孩子说生活的辛酸，而是要在这个基础上向积极的方面引导孩子，使之产生信心。

5

不要因为工作累而不陪孩子

现代社会人们生活节奏越来越快，工作压力也越来越大，因此，很多父母几乎没什么时间和孩子一起玩耍，而孩子也没有时间，为了不让孩子输在起跑线上，父母早已帮他们报了各种辅导班。可是无论怎样忙碌父母也千万不要忽视孩子，要抽出一些时间来陪陪孩子。

约翰很晚才下班回家，一整天的工作下来让他感到很累，不过他发现5岁的儿子靠在门口正在等他回来。"爸爸，你一小时可以赚多少钱？"小约翰说道。"这和你没有什么关系，你为什么要问这个问题？"约翰生气地回答。"我就是想知道，您能够告诉我吗？""如果你真的想要知道，那我就告诉你，我一小时能赚20美金。"约翰说。小约翰低着头说："爸爸，那您可以借10美金给我吗？"约翰发怒了："如果你只是想买那些无聊的玩具的话，那你给我回到你的房间去。我每天这么辛苦地工作着，我很累，我没时间，也不想和你玩那些小孩子的游戏。"小约翰伤心地回去了。等约翰平静下来之后，他觉得自己有点过分了，心想，或许小约翰真的想要买些有用的东西吧。

于是，他来到了小约翰的房间说道："对不起，孩子，今天我做得有点过分，来，这是10美金。你拿去吧。""爸爸，谢谢你。"小约翰兴奋地从枕头底下拿出自己积攒的零花钱，慢慢地数着。"你已经有钱了，为什么还要向我要呢？"约翰生气地问。约翰回答："爸爸，我现在有20美金了，我可以买您一个小时吗？明天我想跟您一起吃晚餐。"

其实，孩子往往需要的并不多，只是希望父母能够多花点时间陪陪自己，能够感受到来自父母的爱。就像小约翰那样，只要爸爸陪他吃一顿晚餐，能感受到爸爸的爱便可。爱，是父母对孩子的一种最好的教育。在父母的陪伴之下，孩子会有安全感，父母的陪伴也能够满足孩子爱与归属的需要，促进亲子关系。人本主义心理学家马斯洛将人类的需要分为五种，并将生理需要、安全需要、爱与归属的需要归纳为缺失性需要，也就是必不可少的需要。孩子发育尚未成熟，缺失性需要对其非常重要。父母多花时间陪陪孩子正好可以满足孩子的缺失性需要。

心理学家普遍认为，幼儿的主要活动是游戏。在游戏中，孩子的身心得到发展。著名的心理学家、认识发生论的提出者皮亚杰认为，心理产生于动作，孩子在游戏之中认识新的复杂的客体和事件，巩固和扩大概念、技能，使思维和行动相结合，并进行同化作用。

弗洛伊德认为，游戏可以补偿现实生活中不能满足的愿望，克服创伤性事件，发泄生活中不被接受的冲动，缓和心理紧张，发展自我力量。埃里克森指出，游戏是一种健康的发泄方式，儿童可以复活快乐经验，也能修复精神创伤。儿童在游戏中，还可发展自己的认知，完善自己的动作，结交伙伴，发展社交能力以及观点采集能力。

而游戏在幼儿期又具有非常大的意义。所以作为父母不要因为工作忙碌而忽略了陪孩子。多陪陪孩子，和孩子一起做游戏，和他一起玩游戏，这样，孩子会在快乐的游戏中增长很多见识，可以很好地培养孩子的好奇心和探索精神，更能够锻炼孩子的学习能力。所以说，作为家长，再累也要多陪陪孩子。

本节家教智慧

玩，是孩子的天性；玩，也可以促进孩子的身心发展，满足其需要，增加孩子的安全感。多花点时间陪孩子，还可以促进亲子关系。家长们不要以工作忙为借口，多花点时间陪陪孩子吧。

第七章

切不可对孩子实施"语言冷暴力"

——别总暴露不满的眼神和话语

　　冷暴力也是暴力的一种，外在表现形式为漠视、冷淡、疏远、冷言冷语等等，这种暴力形式虽然没有对他人造成身体上的伤害，却在精神和心理上侵犯了他人。大部分人包括一些家长和老师都已经意识到现代社会并不提倡"棍棒底下出孝子"和"棍棒底下出人才"这样的教育模式，于是，家长又将对孩子的不满转而以种种冷暴力的形式表现出来。如许多家长会在孩子考试过后，拿着孩子的成绩单和发下来的试卷，冷言冷语地数落着自己的孩子，"这么简单你都不会，你是猪啊你？""要是我年轻的时候有你这么好的学习条件，我早就考上名牌大学了。""你看看谁谁谁，跟你从小学起就在一个班上，但是你每次考试都考不过人家，叫我说你什么好。"这些数落的话语，再加上不满、厌恶或者失望的表情，就像一把寒光凛冽的利剑，一下一下刺伤着孩子的自尊心。而家长们不知道，长期处于这种冷暴力的环境下，孩子很可能会出现严重的心理障碍，对孩子的成长极其不利。

别总对孩子暴露不满的眼神和话语

在成长的过程中，孩子难免会犯一些错误，或者在某些方面出现偏差，作为父母，正确认识孩子成长过程中所表现出来的过错和偏差显得尤为重要。每个人都有可能会犯错，经验丰富的大人如此，未经世事的孩子更是如此。那么，在面对孩子的缺点和错误时，家长是否应该想想采取何种态度来对待自己的孩子？

一些家长在教育孩子的过程中，对孩子身上表现出来的缺点和错误，总是采取冷言冷语的态度，他们往往看不到孩子的优点，也不善于观察孩子一点一滴的进步，他们忽视孩子在成长过程中的努力，更不知晓孩子需要得到父母的鼓励和肯定，他们只懂得在孩子做错事或者遭遇失败后，向孩子暴露出自己不满的眼神和话语，而不管孩子的这种过失是偶然的还是经常性的。这类父母只注重结果，不考虑背后存在的原因，对孩子的行为往往全部予以否定。父母这样做不仅打击了孩子的积极性，不利于孩子缺点的改正和成绩的进步，而且还会使孩子与父母之间的矛盾日益加剧。

一位母亲向心理学家述说了这样一件令她苦恼的事：

我儿子叫王涛，是家中的独子，原本性格活泼开朗，我和他爸爸对他寄予了很高的期望，希望他将来能考上一所名牌大学，有个光明的前程，他在整个小学阶段的表现也从未令我和他爸爸失望，他现在就读的中学也是我们那里最好的，他的学习成绩好，我和他爸爸也跟着脸上有光，工作再苦再累心里也安慰。

初二暑假时，我和他爸看见儿子写完作业后整天闷在家里，除了看书没其他事情可做，就商量给他买台电脑，让他能够在家里多了解外面的事情，儿子很开心。起初，他很让我们放心，经常看各种各样的新闻，也在网上查找资料。所以，我和他爸也就没怎么管他。可是有天晚上已经很晚了，我觉得口渴去喝水，路过他的房间，却发现他房里的灯还亮着，我轻轻地推开门，竟意外地发现儿子正兴奋地玩着网络游戏，我没玩过，也不知道是什么游戏，只看见画面非常血腥，儿子的表情却非常激动，我一下子被震呆了。儿子也很意外，没想到我这么晚还没睡，慌乱中赶忙关了游戏。

第二天，我对他爸说了孩子玩游戏这件事情，他爸的脾气比较急躁，听说儿子那么晚了还在玩游戏，又回忆这段时间没怎么看到儿子看书，而且在单位也经常听一些同事抱怨自己的孩子玩游戏荒废了学业，所以他爸爸火冒三丈，逼问儿子玩游戏是不是很长时间了，儿子却满不在乎地说："玩游戏怎么啦？玩游戏让我感到很轻松。"他爸一听，更生气了，大声朝他嚷道："你就知道玩游戏，怎么这么没长进，再玩我没收你的电脑。"

本以为他爸批评他以后，他能吸取教训的，可是哪知他对我和他爸越来越冷淡了，平时在家里也不怎么和我们聊天，每次我主动找他说话的时候他也爱理不理，没过多久，他爸又发现他玩游戏，狠狠批评了他一顿，家里的电脑也没收了，原本希望没收电脑后他能安下心来，可是他在家的时间越来越短，直至班主任找我和他爸去了解情况，我们才发现从前没缺过一节课的孩子现在竟然越来越喜欢逃课了，而且成绩也一落千丈。

孩子回到家后，他爸看不顺眼，于是生气地说道："你还真是越来越长本事了啊，竟然学会逃课了，学习不好，考不上好学校，看你以后怎么办。"他爸对他越来越失望，越看越不顺眼，经常会说他几句，但是每次他不是爱理不理就是争锋相对，我也不知道该怎么管教他了。

听完这位母亲的陈述，心理学家大致找到了矛盾产生的原因，就问这位母亲："当你们发现孩子沉迷网络后你们有没有心平气和地与孩子聊聊天？"

"似乎没有。"

"那你们对孩子上网有没有进行正确的引导？"

"我和他爸都不是很懂电脑，所以在这方面也没教孩子。"

这位心理学家明白了这对父母与孩子之间的问题所在，于是说道："你们与孩子之间的问题主要是当你们发现孩子沉迷网络游戏后，立即暴跳如雷，并且对孩子冷言冷语，没静下心来和孩子好好沟通，再接着你们蛮横地没收了电脑，还经常说一些冷嘲热讽的话，尽管你们是为了他好，但是，这种语言冷暴力的方式还是严重打击了孩子的自尊心。"

王涛的父母听了心理学家的话后进行了深刻的反思，之后，他们发觉在教育儿子的过程中，自己的确没有采用正确的方法，言行上也过激了一些，于是，王涛父母决心改变自己的教育方式。晚饭后，王涛父母就自己近来对孩子冷言冷语的行为认真地向孩子道了歉，并且将没收的电脑又重新搬了出来，又与王涛随意聊了一些学习和生活上的事情，看到父母的转变，王涛也意识到了自己的错误，他主动向父母保证，以后一定好好规划自己的时间，不再沉迷于网络。至此，王涛父母最终摒弃了以往冷言冷语地教育方式，给王涛营造了一个和谐的家庭教育气氛。

在教育孩子的过程中，一味地采用批评指责和冷言冷语的方式，对孩子实施语言冷暴力，往往会让孩子对冷言冷语产生免疫力。对于家长的冷嘲热讽，孩子也会逐渐当作耳边风，甚至在内心深处将自己定义为一个不可爱、不讨喜的孩子，从而破罐子破摔，认为自己已经无可救药了，日常行为上也变得消极和不思进取，进而成绩一落千丈。毫无疑问，冷暴力会对孩子的成长造成巨大的阻碍。

小辉是个很努力的孩子，但是成绩并不突出，这可能是因为没有掌握正确的学习方法，再加上性格较为内向，所以，名次一直徘徊在中下游。几乎每次考完试，拿到成绩单后，小辉都会受到父母的训斥或者冷言冷语，对此，小辉非常苦恼。

又临近期中考试了，考前小辉努力地复习了很长时间，答题的时候也是得心应手，考完后，他感觉自己这次应该考得不错，因此，成绩尚未公布时，小辉就对爸爸妈妈说自己这次一定考得很好。然而，成绩公布出来后，小辉的名次不仅没有上升，反而下降了，他一下子愣住了，不敢相信自己的努力竟然没有获得相应的回报，该如何向爸爸妈妈交待呢？

回到家里，爸爸还没下班，小辉妈妈见到他就向小辉伸手道："成绩单和试卷拿过来。"小辉迟疑了片刻，将试卷和成绩单通通交给了妈妈，看到成绩单，妈妈快速地瞄了一眼，道："你不是保证说你这次能考得很好吗？我记得你上次好像是二十三名，这次怎么是二十四名啊，你怎么这么笨啊？"当听到妈妈这饱含不满和讽刺的话语时，小辉原本就低着的头垂得更低了。

而小辉的举动并未引起妈妈的注意，在快速扫描了成绩单后，她拿起小辉手中的数学试卷仔仔细细地看，不一会，又指着试卷上的一道应用题，非常不满地说道："你看看这道应用题，你怎么能只做对了一问呢？还有一问怎么没有做出来，白白丢了三分，你也太笨了吧，不知道像谁。"听着妈妈不满的话语，小辉的头低得不能再低了，数落完后，妈妈也没理小辉的反应，继续专注地盯着试卷，接着又听到妈妈大声地质问道："语文试卷上的诗歌默写这么简单的题目，你都会丢分，这个字你不会写吗？平时让你好好积累，你到底有没有听进去，还有，我一再告诉你，不管是平时的家庭作业还是学校的考试，做完后都要好好检查检查，你看看，如果你认真检查了这1分也就不会丢了，你太粗心了。"妈妈不满的眼神和话语就像一盆盆冷水，彻底浇灭了小辉原本想要在接下来的日子里努力学习的热情，他也并没有在妈妈面前为自己辩解，只是将试卷和成绩单拿回，默默地走进了房间，然后将试卷放进了抽屉的最底层。在之后的学习中，小辉对学习彻底失去了兴趣，成绩更是每况愈下。

其实，每个孩子都渴望得到父母的表扬和肯定，而家长对孩子过多地暴露自己批评和不满的眼神，只会让孩子破罐子破摔，变得更加不求上进；相反，如果在教育孩子的过程中，隐藏好自己不满的眼神和话语，正确对待孩子成长过程中的错误和问题，对孩子进行恰当地教育和引导，孩子很可能会朝着你希望的方向发展，最终成为一个有用的人。

在成长的路上，孩子会遇到一个又一个障碍，也会犯许许多多的错误，处于青春期的孩子尤其如此。这一时期，他们自尊心膨胀，并且在心理上容易反叛，父母采用何种方式来对他们进行引导很可能会决定他们的发展方向。当孩子处于迷茫期或者犯了错误时，有责任心的父母通常不会对他们冷言相对，尽管对孩子心存不满，但是他们懂得如何控制好自己的

这种情绪，并耐心地引导自己的孩子，让他们感受到父母对他们真心的关爱。所以，作为父母应该用正确的态度对待孩子。

那么，父母到底应该怎样做呢？

（1）保护孩子的自尊心。

每个人都有自尊心，孩子也不例外。孩子犯错误或者有不良爱好后不要一味地责骂他们，要给他们留点面子，让他们在父母面前抬得起头，这样他们才能以平等的姿态来跟父母交流、交心。父母也不应对孩子冷言冷语或者暴力相向，多抽一点时间陪孩子聊聊天，了解他们内心的想法，然后对症下药，帮助孩子克服困难，解决他在成长道路上遇到的难题。

（2）身体力行，在行为上正确引导自己的孩子。

父母是孩子学习的榜样，孩子的成长需要父母正确的指导。在日常生活中，通过自己的身体力行来培养孩子良好的学习习惯和生活习惯，良好的习惯是孩子取得成功的重要保证。

（3）教育孩子要采取正确的方式和态度。

每个孩子都渴望得到父母的肯定和表扬，因此对于孩子的进步和优点要及时竖起自己的大拇指，对于孩子的错误和缺点要耐心给予引导。每个人都会犯错，大人如此，孩子也是这样，在看待孩子的错误时，要采取宽容的方式，和孩子进行平等谈话，不要将自己的不满和抱怨强加到孩子身上，应该在宽松的氛围中让孩子意识到自己的错误和缺点，进而愉快地改正。

在教育孩子的过程中家长不要总是对孩子暴露不满的眼神和话语，殊不知，这种"语言冷暴力"往往比真正的暴力更伤孩子的心。

本 节 家 教 智 慧

教育孩子需要足够的耐心，对待孩子在成长过程中出现的问题，聪明的父母往往有足够的耐心去寻找解决的方法。对孩子过多的冷言冷语、不满、苛责只会加深父母与孩子之间的矛盾。

作为父母，要多花点时间陪陪自己的孩子，听听孩子内心的矛盾和想法，帮助孩子走出学习和生活上的困顿和迷惑，要善于发现孩子的优点和爱好，让孩子找到努力的方向。父母不要对孩子实行"冷暴力"，要善待自己的孩子。

挖苦或讽刺，会让孩子出现心理障碍

父母是孩子最初的老师，是孩子学习和模仿的榜样。因此，父母采取何种方式去对待错误与问题，采取何种态度去面对生活，对孩子性格的形成以及孩子今后的生活和人际关系等等都会产生很大的影响。

在每个孩子的内心深处，都希望自己的父母不仅是自己的长辈，更希望他们是自己最亲密的朋友，希望在自己遇到困难时，能够第一时间获得父母的理解和帮助。而作为父母，理应了解孩子的这种心理，在教育孩子的过程中采用正确的方式，在对待那些犯错误或者有缺点的孩子时，尤其应当如此。也就是说，不管出于何种原因，父母都不能对孩子进行挖苦或者讽刺。

但是，生活中，人们时常能听到父母这样教训自己的孩子："你哥哥从来不犯这样的错误，怎么到了你这就经常犯这么低级的错误呢？"、"你说你怎么这么没有出息啊？"、"只有你才做那样的蠢事。"、"我怎么就生了你这么个废物，一点都比不上别人家的孩子。"等等。孩子考试没取得好成绩或者没有达到父母的期望，部分父母就会端起家长的架子，居高临下地挖苦或讽刺自己的孩子，也许他们只是单纯地想要发泄对孩子的不满，也许他们期望采用这种方式来刺激孩子的好胜心。但是，他们没有注意到，孩子不比成年人，他们的思维更为单纯，这样的挖苦或讽刺不仅不能让他们振作，反而会对他们产生一些不良后果。

长期生活在父母的讽刺和挖苦中，孩子很可能会因此而失去信心，产生严重的心理障碍，他们会总认为自己真的什么事情也做不好，哪里都比不上别人，从而产生强烈的自卑感。同时父母的讽刺和责骂也会让孩子觉得父母很不讲道理，觉得跟父母无法沟通，并渐渐地对父母产生失望、厌烦等情绪，致使不愿再向父母敞开心扉。

珊珊今年刚上小学五年级，爸爸妈妈都是大型企业里的高层主管，工作很忙，因此平时，小珊珊都是交给爷爷奶奶照顾，但是爷爷奶奶毕竟上了年纪，每天接送她上下学很吃力，也没有更多的精力指导她的学习和日常行为，所以在绝大部分时间里，珊珊是相当自由的，这就导致了珊珊很不习惯于学校的约束。

今天，在珊珊爸爸正忙于工作时，接到了珊珊班主任的电话，让他们带回自己的女儿，因为珊珊在学校里不仅很不听话，而且还经常犯错。

那么，珊珊到底犯了什么样的过错以至于让老师大发雷霆呢？

原来，今天早上珊珊刚在自己的座位上坐好，语文老师就走进了教室，让同学们将昨天放学前布置的作业交上来。

全班同学都将自己的作业本从书包里拿出来，放在课桌一角，等着组长来收，只有珊珊一个人的作业本没有上交。于是，语文老师便问道："珊珊，你的作业本呢？怎么没交过来？"珊珊回答道："老师，我的作业本忘在家里了。"语文老师说道："我们下节课要讲解这次的练习，你现在回家去拿来吧。"但是，听了老师的话，珊珊不仅没有动身，而且还支支吾吾，语文老师感到非常诧异，便问道："珊珊，你还不回去拿？"珊珊支支吾吾了半天，最后说道："老师，我家的门被锁上了，我也没有钥匙。"语文老师仔细观察了珊珊的面部表情和反应，知道珊珊说了谎，于是，放学后，语文老师将珊珊留了下来，并带到了办公室，正好遇到了珊珊的班主任。

语文老师向班主任说明情况后，班主任非常生气，因为珊珊已经不止一次出现这样的情况了。于是，班主任给珊珊的父母打了电话。

在珊珊父母还没到学校之前，班主任并没有将自己的不满在珊珊面前表现出来，而是和语文老师一起耐心地对她进行开导。

在开导珊珊的过程中，班主任和语文老师了解到，珊珊是因为不习惯学校生活，因此，上课的时候才不专心听讲，再加上她时常因作业完不成被老师留下来辅导，这就使得珊珊不能按时放学，这对原本就不喜欢上学的珊珊来说更加难熬了。所以为了逃避因为没有完成作业被留下来，珊珊

就经常对老师撒谎，说自己的作业本被偷了，或者是丢在家里了，但是这样的次数多了以后就引起了老师的怀疑，再加上今天早上的事，珊珊的谎言彻底暴露了。

珊珊父母在听了老师的转述之后，火气一下子就上来了，珊珊爸爸指着珊珊的额头冷言冷语地讽刺道："你还真是厉害啊，小小年纪竟然敢做出这样的事！"珊珊妈妈也被珊珊的行为气坏了，挖苦道："你平时在家的时候不是说你在学校很用功的吗？原来你是这样在学校用功啊？用功骗老师和家长，连爸爸妈妈都被你骗过去了！"

爸爸妈妈的讽刺和挖苦就像一根刺，刺进了珊珊的心里，回到家里，珊珊将自己关在房间里，想道："爸爸妈妈平时没时间管我也就算了，但是每次都因为我的成绩差就讽刺挖苦我，经过了今天的事，他们肯定对我已经失望透顶了，那我也不用再在他们面前表现出一副乖宝宝的模样了。"

从那以后，珊珊不仅在学习上更不用心，而且还时常做一些损人不利己的事情，成为了父母和老师眼中的问题孩子。

每个孩子都会犯错，作为父母，理应了解到，当孩子在发觉自己的行为超出了规定的范围后，已经觉察到自己将会遭受到各种各样的处罚时，孩子敏感的内心是很焦虑不安的，如果此时父母还是一味地指责和冷嘲热讽，不仅会加重孩子内心的忧虑，更会让孩子对自己失去信心，思想上产生偏差，甚至有可能出现心理障碍，严重影响到孩子的健康成长。

在老师和同学的印象中，何伟是一名比较特殊的学生，因为何伟在班上的成绩总是忽上忽下，有时能考到班上的前三名，但是有时又下滑得厉害，能一下子滑到班上的中下游。而且，何伟很安静，时常能让人忽略他的存在。

进入初三后，细心的班主任李老师发现何伟不仅更安静了，而且还开起了小差，有时候竟会看见他在课堂上睡觉，这是以前从来没有过的现象。以前上课的时候虽然何伟不举手主动回答问题，但是只要老师点名让他回答，他一定回答得非常出色，但是现在每次老师让他回答问题时，他甚至不知道问题是什么，最近几次考试他也表现得很不理想。

班主任李老师将这种情况看在眼里，急在心里，但是他也明白现在何伟正处于关键时期，要耐心地做好何伟的思想工作，不能急于求成。一天，李老师让何伟放学以后去办公室找他，刚走进办公室，李老师就让何伟跟着他走，来到学校一处风景较好的地方，李老师坐了下来打算与何伟进行一次长谈。

李老师先是叮嘱何伟，初三虽然是段关键时期，但是也要注意休息，然后逐渐谈到了何伟最近的学习状况。起初，何伟默不作声，但是慢慢地，看见李老师并没有责骂他，而且态度是这么亲切，最终他将自己的情况全部告诉给了李老师。

原来，何伟的父母平时都忙于工作，没有时间关注孩子的学习和生活，每次只是给足了钱就不管不问。

到了初三后，父母突然开始关注何伟的学习，这原本是一件好事，但是何伟反而因此更加苦恼，因为何伟有个表哥，学习成绩很好，而且从小学到高中一直都在当地最好的学校就读。而何伟父母总拿何伟的学习成绩和表哥进行比较，根本不去分析何伟有没有进步，最让何伟受不了的是，在家总听见爸爸妈妈在他耳边说这样的话，"同样都在学习，你和你表哥怎么就差距这么大啊？""你到底在学校怎么学习的啊？这么简单的题目你都做错？有没有脑子啊？"、"要是有你表哥一半聪明就好了。"这样的挖苦和讽刺让何伟受不了。

本来升到初三后，学习压力一下子比前两年就加重了好几倍，回到家还要面对爸爸妈妈的挖苦和讽刺，所以，何伟越来越无心学习。爸爸妈妈挖苦讽刺的话语完全瓦解了他的信心，在他的内心深处，总是认为自己再怎么学也无法得到父母的认可，也无法超越表哥，与其这么辛苦最后却还是被爸妈讽刺挖苦，还不如什么也不做。

耐心地听完何伟的讲述后，班主任李老师了解到了问题的关键，也开导了何伟。第二天，李老师在电话中向何伟的父母转述了这番话，何伟的父母才明白自己在教育孩子的过程中竟然犯了这么大的错误，自己的冷嘲热讽不仅没有督促孩子向前，反而伤害了孩子，使其对自己更加失去了信心。

由此可见，在教育子女的过程中，父母既不能不管不问，忽视以至漠视孩子，更不能对孩子进行挖苦或讽刺。一方面，挖苦和讽刺会严重伤害孩子的自尊心和自信心，让他们干脆放弃努力；另一方面，挖苦和讽刺也会让孩子觉得父母不讲道理，不公平，对父母更加失望以至难以亲近。更有甚者，孩子也可能学会父母这种消极的沟通方式，影响其未来的人际沟通能力。那么家长在教育孩子的过程中到底应该如何与孩子沟通呢？

首先，父母要学会倾听。

倾听是了解孩子内心的最好方式，但是，大多数父母往往没有意识到倾听的重要性。父母要学会倾听孩子内心的想法，无论孩子的这些想法或者观点是否正确或者是否与父母的心意吻合，家长首先要做的就是认真倾听。让孩子自由地表达，在与孩子交流的过程中还要适当予以赞扬和肯定，对孩子某些不成熟或者不正确的想法心平气和地予以指正，与孩子交流多采用商量的语气，这样孩子才会更容易接受。

其次，给予孩子必要的尊重。

无论年龄大小，几乎每个孩子都希望得到他人的尊重，尤其是来自父母的尊重。但是，大部分父母往往不能摆脱家长的架子，而且内心深处始终将孩子定义为没长大，于是对孩子的每件事情都予以干涉，事实上，这并不是孩子所期望的，他们想要的是父母能够蹲下来，与他们进行平等交流，给予他们必要的尊重和独立思考的空间。

最后，站在孩子的角度来思考问题。

孩子难免会犯错，不要急着去责骂他们，也不要对他们冷言冷语，试着站在孩子的角度找寻孩子犯错误的原因。而在对孩子进行教育时，也切忌拿别人的孩子与自己的孩子进行比较，这会严重打击孩子的自信心。

本 节 家 教 智 慧

布鲁诺曾经有一句名言："一味的挖苦或者贬低，会引来孩子的反抗。"

美国著名心理学家威廉·詹姆士也认为："人类本质上最迫切的需求是希望被肯定。"

父母需要明白这样一个道理：己所不欲，勿施于人。自己不想要的往往也不要施加到孩子身上。面对他人甚至是至亲之人的挖苦或讽刺，连最懂得隐忍的大人都会因此而在情绪上产生极大波动，更何况是孩子。在教育子女时，父母不能采用挖苦或讽刺的方式，挖苦和讽刺不仅不利于解决孩子成长过程中的问题，反而会让父母与孩子之间的关系恶化，在教育上必须学会了解孩子，细心教导、耐心培育，这样才能拉近父母和孩子之间的距离。

3

家庭冷暴力，让孩子走向心灵南北极

作为暴力的一种，冷暴力主要表现为对他人冷淡、疏远、漠视、不管不问等多种形式，对他人在精神上或心理上造成伤害。而家庭冷暴力作为冷暴力的一种，主要发生在夫妻之间或者是父母和孩子之间。

在家庭生活中，有些父母总是将自己的想法强加在孩子身上，一旦孩子没有达到自己的要求，他们就会对孩子冷眼相待，或者不理不睬。长期处于这样的家庭环境下，孩子的性格也会变得越发扭曲，在与人交往的过程中对任何人也友好不起来，更严重的是，在这样的环境里成长起来的孩子患上自闭症的几率更高。与此类似还有一些家长在孩子没有达到自己要求时，也会对孩子采用家庭冷暴力的方式，在这种环境下成长起来的孩子，在与人交往的过程中，遇到不顺自己意愿的事情或者人时，也容易对他人冷嘲热讽，影响到自己的人际关系。

家长们往往由于工作压力大，平时对孩子关心不够，在家陪伴孩子的时间甚至还不到在工作场所时间的一半，一些父母只知道在物质上满足孩子，却忽视了孩子精神和心理上的需求，使父母和子女之间缺乏亲子交流。在子女的教育问题上，父母也往往只注重结果，而忽视了教育的过程，这些疏漏导致他们无法真正了解自己的儿女，父母和孩子之间便产生了严重的隔膜。部分父母只注重孩子的学习成绩，却忽视了孩子真正的兴趣所在，也忽视了和孩子进行必要的沟通交流，正是由于不了解孩子内心的渴望和想法，父母才会时常对孩子冷嘲热讽。当孩子将成绩单拿回家时，人们常常能听见这样的话，"玩、玩、玩，你就知道玩，你看看你这点分数，还有脸玩吗？"又或者指着孩子的脑门说，"我辛辛苦苦工作挣钱供你读书，你就这么报答我的啊？""考这么点分数，你还好意思吃饭，我怎么生了你这么个没用的东西？"

儿童心理学专家认为，长期处于这种家庭冷暴力的环境下，孩子的性格会发生扭曲，容易向两个极端发展：一种是孩子胆子大，敢于与父母对着干，这样的孩子在家庭冷暴力的环境下容易变得异常的反叛；另一种是孩子原本就胆小怕事，在这种环境下成长，会越发压抑自己的情绪，更有甚者会患上自闭症。

阳阳今年18岁了，本该上高三的他已经退学两年了，在退学的这两年时间里，他除了吃饭、睡觉就是沉浸在自己的世界里，不爱说话也不爱和别人交往。

其实，阳阳在初中的时候成绩非常优秀，经常是班级的前三名，虽然他不太爱说话，但是人挺好相处，所以在班上也颇有人缘。而阳阳的父母对阳阳期望很高，每次考试过后，当阳阳兴匆匆地将成绩单拿回家给父母看时，只要不是第一名就一定会遭到阳阳爸爸的数落，甚至是就算考到了第一名，阳阳爸爸也会指着试卷上的错误劈头盖脑地对阳阳冷嘲热讽，"我怎么生了你这么笨的儿子，这道题这么简单都会做错，你平时到底干嘛去了？"

长期面对爸爸这样的冷嘲热讽，阳阳也渐渐地没有了在爸爸妈妈面前表现的兴趣，也不再在学习上下功夫了，在后来的考试中，阳阳的成绩一落千丈，但是父亲依然没意识到自己在教育阳阳时采用的方法不对，家庭冷暴力在阳阳身上持续上演。

中考时，阳阳成绩很糟糕，最终只能沦落到一所很差的私立学校去读书，父亲对儿子也逐渐失去了信心，父子俩每次见面不是冷战就是冷嘲热讽，家里的气氛一度紧张到了极点，阳阳也越来越沉默寡言，每次回到家就把自己关进房间里，吃饭也是妈妈端进房去。看见儿子的这种情况，妈妈虽然心里很着急，却束手无策，不知道自己的儿子怎么会变成这样，也不明白为什么自己的儿子会逐渐变得如此自闭。

经过熟人介绍，阳阳妈妈找了一名叫做张晓的心理咨询师，在听完阳阳妈妈的哭述后，张晓意识到情况的严重性，并初步设定了一套治疗方法。但是，起初阳阳不肯接受治疗，甚至拿刀威胁。于是，张晓建议阳阳

父母先接受她的心理咨询，她对阳阳的父母说："阳阳会这样自闭，绝不仅仅是孩子个人的原因，你们对他的教育方式和教育态度很大程度上将阳阳推进了自己的世界里，你们对阳阳要求过高，在教育阳阳时也是采用冷言冷语的方式，没有嘉奖阳阳，在阳阳心里形成了阴影，好像自己做的什么事情都不对，这样，阳阳就逐渐丧失了学习的兴趣，也丧失了和你们交谈的兴趣，于是，只好将自己的内心封闭起来。"

在找出了令阳阳心理产生偏差，甚至是自闭的原因后，张晓准备从亲子关系入手，帮助阳阳走出自闭，爸爸妈妈在接受了一段时间的咨询，也意识到长时间以来，自己在对阳阳的教育问题上采取了错误的方式，对孩子过于苛刻，因此，也很后悔，在劝说阳阳接受治疗的过程中，爸爸妈妈真心悔过，努力改善和阳阳的关系。经过一段时间的治疗，阳阳也逐渐走出了封闭的内心世界，有时也会和爸爸妈妈聊聊天，看看自己喜欢的书等等，看到阳阳生活慢慢进入了正常的轨道，阳阳的父母也感到由衷的欣慰，在孩子的教育上，他们决定听从张晓医生的建议，用爱心和耐心来慢慢引导自己的孩子。

那么，家庭冷暴力对孩子到底会有些什么样的影响呢？

首先，家庭冷暴力会影响孩子的性格。

正如上面所说，在这种家庭环境中成长的孩子性格上一般会有两种发展趋势。一种就是在冷暴力的侵蚀下，孩子会变得越来越麻木，性格上越来越孤僻、不自信，不愿意和别人进行交流，把自己关在自己的一片狭小的空间里，与外界格格不入，更有甚者会患上自闭症。另一种趋势就是，孩子会变得越来越挑剔，凡是自己看不顺眼的都要挑剔一番，而且异常的反叛。

其次，家庭冷暴力会对孩子日后的家庭生活产生影响。

父母是孩子最初的老师，也是最初的模仿对象，父母的一言一行对孩子都会产生很大的影响，长期处于家庭冷暴力环境下的孩子在将来的家庭生活中也会这样对待自己的另一半和自己的孩子，长此以往，会形成恶性循环。

最后，家庭冷暴力会瓦解孩子和父母之间的感情。

孩子的成长需要父母细心的呵护，在孩子的成长道路上，父母适当地给予鼓励和赞扬能让孩子更自信，而父母的冷言冷语无疑就像一把冰冷的匕首，会彻底地伤害孩子脆弱的心，孩子也会自动关上和父母之间沟通的大门，有心事再也不对父母说，严重影响到孩子对父母的依赖和信任。

成长的过程中，孩子难免会犯错，也难免会做出一些让父母无法接受的事情，尤其是处在青春期的孩子，学习压力陡然增加，再加上父母对他们抱有很高的期望，如果再没有明确的目标，每天被动地学习，他们会感到很吃力甚至觉得无法承受。因此，他们迫切需要别人的理解和支持，特别是来自父母的赞扬和鼓励，而不是父母的冷言冷语或者家庭冷暴力。父母的不理解或者家庭冷暴力只会将孩子越推越远，成为压垮孩子的最后一根稻草。

那么，为了让孩子有个良好的成长环境，杜绝家庭冷暴力，父母应如何对待自己的孩子呢？

（1）给孩子腾出多一点时间和关注。

不要将目光只是聚焦在孩子的学习成绩和综合排名上，要细心观察孩子的学习过程，掌握孩子在学习中遇到的问题，了解孩子学习兴趣所在。多和孩子谈谈最近的状况，对于孩子的疑问要耐心回答，孩子感兴趣的地方也要耐心引导。多陪陪自己的孩子，节假日可以带孩子出去旅游，旅游既可以让孩子的身心得到放松，也可以缓和父母和孩子之间的紧张关系，还能让孩子了解自己生活的大自然。或者用小纸条、写信等方式向孩子表达自己对他们的爱。如果实在是没有时间陪孩子，一定要做好补救措施或者提前向自己的孩子说明。

（2）多夸奖，少批评，注意批评的态度和方式。

无论孩子的成绩是上升还是下降，很多父母永远只会对孩子绷着一

张脸，甚至采用冷言冷语的方式来向孩子表明他们的这点进步根本不算什么，也许部分父母的初衷是好的，希望孩子戒骄戒躁，打击一下孩子膨胀的自信心。但是，他们往往忽视了这样的冷言冷语对孩子所造成的伤害。孩子取得了成绩，往往希望得到父母的肯定，让他们有继续努力的动力，因此，父母可以适当地加以表扬，随后再对孩子进行正面鼓励，这样既能满足孩子渴望得到认可的心态，又能激励孩子向更高处发展，何乐而不为。孩子做错了事情或者成绩下降了，父母也不应一味地批评，每个人都有犯错误的时候，知错能改才是好孩子，作为父母理应帮助孩子找出犯错误的原因，并提醒孩子不要在同一个地方跌倒两次。

（3）多关注自己的孩子，发现孩子身上的优点。

"金无足赤，人无完人"，每个人身上总会有缺点也会有优点，好父母不将自己的目光永远聚焦到孩子的缺点上，他们会发现自己孩子身上的优点，对孩子的优点进行正确引导和强化，让孩子树立自信心，而善于发现孩子优点的父母才能赢得孩子的青睐和信任。

本 节 家 教 智 慧

孩子的健康成长需要父母的爱心和关心，父母是孩子的镜子，孩子模仿着父母的一切言行；孩子也是父母的镜子，孩子的成长折射出父母教育的成败。

对孩子多一点夸奖，多一点赞扬，让孩子感受到来自父母的肯定，这会成为他们学习和生活的动力；好父母在孩子犯错误或者暂时迷失方向时懂得用爱和支持来默默引领自己的孩子走出困境，在生活中也会注意自己的言行，甩掉家庭暴力和家庭冷暴力，还孩子一个和谐的家庭环境。

第八章

孩子没有教养，不能成为你打骂孩子的理由
——孩子有没有教养关键看父母

孩子没有教养，不能成为家长打骂孩子的理由，要知道孩子不是生来就没有教养，这是后天错误的教育方式造成的后果。父母是孩子的第一任老师，有怎样的父母就会有怎样的孩子，孩子没有教养，很多时刻都是受父母影响。正所谓，上梁不正下梁歪。

父母是孩子最好的老师，要想培养聪明、健康的孩子，就要注重对孩子的心理素质和思想观念的培养，父母更要以身作则，帮助孩子树立正确的人生观、价值观和世界观，从生活的点点滴滴做起。作为父母，不能娇纵孩子，也不要打骂孩子，杜绝不健康的教育方法，用正确的教育方式来教育孩子，使其健康快乐地成长，成为对社会有用的人。

爱孩子要理智，不打不骂，不娇不惯，才能帮助孩子健康成长。

杜绝不健康的教育方式，孩子的心理才健康

在成长的过程中，孩子会遇到各种各样的"第一次"，比如第一次自己去学校，第一次自己洗衣服，第一次说谎，第一次打架，等等，这样的"第一次"既有帮助别人的好的行为，也有危害自己和他人的不良行为，而后者则需要引起家长足够的重视。作为家长，对待孩子的不良行为，一定要从源头上更正自己不健康的教育方式，及时采取正确的教育方法。

在对待孩子的教育问题上，一些父母很容易犯的错误就是使用不健康的教育方式，比如苛责、训斥、打骂等。心理学家经过大量的实验研究证明：经常性地打骂孩子，会给孩子的幼小心灵带来阴影，不利于孩子的健康成长，甚至会使孩子走上犯罪道路。

2006 年，以"心理健康与教育——学生、家长、老师"为主题的学术研讨会在杭州召开，来自世界各地的一百多名国际学校心理学专家聚集于此。在这次学术研讨会上，有专家指出，当今社会孩子的心理问题日益严重，严重影响了孩子的身体健康，而造成这种现象最重要的原因之一是父母不健康的教育方式。

那么，在生活中，父母对孩子不健康的教育方式主要有哪些呢？

第一，强迫孩子做不喜欢的事。

这是大多数父母普遍会犯的错误，他们认为自己为孩子安排的就是最好的，也不管孩子愿不愿意接受，这样做很容易给孩子造成心理负担，在压力过大的环境下，孩子容易患得患失，影响孩子的健康成长。

张小小从小在爷爷奶奶身边长大，直到要进幼儿园才回到爸爸妈妈身边。爷爷奶奶对她呵护备至，什么都不让她干，也不让她和同龄的孩子接触，因此她一见生人就害怕。回到爸妈身边后，妈妈发现她什么都不会，知道是爷爷奶奶把她宠坏了，于是，就用相反的方式去教育她。比如说，她怕见生人，妈妈就带她去各大商场闲逛，邀请朋友来家里做客，强迫她和陌生人相处；她不敢和别人说话，就逼她去问路，找别的小朋友玩，如果不去的话，就会对其进行恐吓甚至动手打骂；她没有一项擅长的技能，妈妈听说邻居家的小朋友画画很棒，就逼着她也学画画，一天至少要交出一幅作品，否则就不许吃晚饭。

可是经过这样的强化训练后，张小小变得比以前更加呆滞了，不但没有学到画画的本领，还总是一副惊恐的样子，只要爸妈稍微说话大声一点，她便会无意识地做出抬手的动作，或者马上抱头蹲下。可见，妈妈的做法在无形中给她带来了很大的心理压力，而这对她的健康成长很不利。

第二，对待孩子的态度不一，令孩子无所适从。

这通常表现在父母面对孩子的不良行为时，可能有时因为心情好，能够容忍孩子的错误，一旦自己心情不好，孩子的错误就会让父母无法容忍。这样的结果往往造成孩子无所适从，不知道自己到底该如何做。

钱梅在一家五星酒店当领班，前三个月因各方面表现突出，老板破格把她提升为酒店的大堂经理，工资也翻了一倍，因此她特别开心，还给家人买了礼物表示庆贺，就连女儿一直央求她买的钢琴也欣然买下了。每天下班回家，看着女儿兴奋地坐在钢琴前弹琴，就是她最快乐的事情，她还时常地鼓励女儿要好好加油。可没过多久，酒店业务出现了纰漏，老板责怪她办事不周，并让她好好反省，钱梅很是忧心。由于工作不顺，回到家后对女儿也不再有好脸色，听到女儿的钢琴声，总会不由自主地发怒："弹什么弹，难听死了，快点给我滚回房间去！"女儿面对妈妈的无名之火，百思不得其解，但又不敢反驳，只得委屈地合上钢琴，回房间做作业。

钱梅对孩子的忽冷忽热，态度上的前后矛盾，很容易伤害孩子。这种做法越频繁，给孩子造成的心理阴影也越深。

第三，对孩子滥施惩罚。

"棍棒之下出孝子"的思想在人们的脑海里根深蒂固，即使在这个文明社会，仍有不少父母觉得对于孩子的不良行为，就应采取打骂的方式来进行教育，他们认为，只有这样孩子才能记住教训，避免以后再犯错误。殊不知，正是因为这种滥施惩罚的教育方式，给孩子的身心造成了或大或小的伤害。

梁永的父母是土生土长的农村人，文化程度不高，但给梁永的任何东西都是最好的，而且他们对梁永寄托了很大的希望。小时候梁永很聪明，左邻右舍也常常夸奖他，父母很是自豪。但是上了初中之后，梁永跟着一群不良少年到处瞎混，不仅学习成绩下降，还染上了很多恶习。梁永父母知道之后，对他一顿暴打，但是，梁永不仅没有听从父母的教导，反而变本加厉。最终，因为在学校聚众闹事，被学校开除。恨铁不成钢的父亲把他带回家之后，抄起干农活的工具就追着他打，梁永看到这架势就赶紧躲，还和父亲大吵一架，大吼道："你再打，再打我就离家出走。"父亲以为他在恐吓自己，更生气，继续追着他打，没想到梁永当天晚上果真没回家住。这下梁永父母真急了，到处找人找不到，无奈之下只好报警。一周过后，警察来到梁永家里，告诉梁永父母梁永前两天伙同他人入室盗窃被抓。这天，距离梁永 14 岁的生日只有半个月。

对待孩子的不良行为，靠打骂的方式是不能解决问题的，对犯了错的孩子，更不能滥施惩罚。打骂孩子容易让孩子怀疑父母不爱自己，造成孩子的性格缺陷，严重的还可能使孩子走上犯罪道路。

第四，对孩子过分苛求。

"望子成龙，望女成凤。"是每个父母的最大心愿。所以，很多家长对孩子寄予了很大期望，因此对孩子往往会过分苛求，孩子如果一旦有不良行为，父母更是接受不了，便会在态度和言语上，对孩子施加一些压力，如不给孩子好脸，或言语上暗含嘲讽意味，而孩子的自尊心也是很强的，因此，父母这样做不仅会给孩子的心灵造成伤害，而且还会影响亲子关系。

家庭教育方式对孩子的成长有很大影响，不健康的教育方式是造成孩子人格缺陷、道德缺失的重要原因之一。因此，作为父母在对待孩子的教育问题上，要杜绝不健康的教育方式。作为父母应帮助孩子树立正确的思想观念，这样才有利于孩子的身心健康。

因此在对待孩子的问题上，父母应该懂得：

（1）对待孩子的不良行为，不能打骂。

孩子还小，辨识度不高，不懂得什么事该做，什么事不该做，在这种情形下，极易受外界的不良因素影响，导致不良行为的产生。对待这种情况，父母不能打骂，二十要给予正确的引导，让孩子明白自己错在何处，从而避免再犯类似错误。经常批评、责怪甚至打骂孩子，容易让孩子对家长产生反感，导致亲子关系恶化，也会对孩子的幼小心灵造成伤害，导致孩子心理的不健康发展。

（2）不能对孩子过分溺爱。

过分溺爱孩子会助长孩子的不良行为。家长过于宠爱孩子，对孩子百依百顺，一味地迁就，会让孩子更加骄纵，一旦不合意就耍脾气，使小性子，导致孩子的品行修养差。家长要想让孩子有良好的教养，就得改掉盲目溺爱孩子的习惯，让孩子有足够的动手能力。

（3）不能对孩子干涉太多，应给他足够的空间。

每个父母都希望自己的孩子成龙、成凤，于是，总会勉强孩子做些他们不喜欢的事，对孩子限制太多，使孩子经常处于被动状态，在这样环境下成长的孩子做事缺乏主动性，自制力也比较差，容易受外界影响，不利于身心健康。

（4）不能完全依着孩子的性子，放任不管。

有的家长因为工作忙，没有时间陪孩子，就用金钱物质来弥补，所以对于孩子的各种生活杂事都不了解，万事依着孩子的性子，自己放任不

管，这样的教育方式则会让孩子养成不负责任的坏习惯，不利于培养孩子的思想道德素质。

本节家教智慧

俗话说，"可怜天下父母心。"对于孩子成长过程中产生的种种不良行为，父母理应负起最主要的责任，一个孩子是否能成才，除了遗传、环境等各种因素，最重要的还是父母的影响。父母采用不健康的教育方式，教育出来的孩子也将品行不良，所以教育专家呼吁广大家长，教育孩子要杜绝不健康的教育方式，这样孩子的心理才会健康。

父母的素质有多高，孩子就能飞多高

幼儿时期是孩子性格形成的关键时期，而在这个时期，与孩子接触最频繁的莫过于父母，所以说父母对幼儿的影响无疑是最大的。俗话说："父母是子女的样子，子女是父母的镜子。"父母素质的高低影响着孩子素质的高低，什么样的父母就会有什么样的孩子。所以，对于孩子素质的提升，父母起着非常重要的作用。

对于孩子来说，从出生到长大成人，都在父母的陪伴下，父母的一言一行是孩子模仿的榜样。因此，对待孩子的教育问题，父母需要格外小心。在孩子的教育中，家庭教育占很重要的地位，而在家庭教育中，父母的素质是塑造子女人格和修养的关键。可以说父母对孩子的教育，对孩子的性格、气质、能力等方面的培养有着重要影响。

俗话说："上梁不正下梁歪。"如果父母自己的素质不高，那么孩子的素质自然也不会高。生活中人们常可以看到这样的画面：父母自己不爱卫生，随地吐痰，孩子便会有样学样，也随地吐痰。然而一旦父母发现孩子有随地吐痰的不良嗜好，便会加以阻止，有时甚至打骂孩子，却没有反思自己是这么做的，孩子只不过是模仿自己而已。

父母在教育孩子成才的同时，也要教育孩子做人，让孩子明白做人比成才更重要。成才只是孩子的外在荣耀，而做人则是孩子的内心品格、道德素质等的提升。父母教育孩子最重要的就是教会他们怎么做人，只有学会怎样做人，才能在这个社会立足，才能最终成才。一个人能否成功，智力因素往往只占20%，而人格因素却占80%。所以，在孩子的教育问题上，父母应该着重培养孩子的思想品格素质。良好的思想品格素质是一个人成功的保证。

每个孩子都是在父母的陪伴下长大的，看到父母辛勤的工作，在耳濡目染中就学会了勤奋；看到父母生活朴素，勤俭节约，孩子也会远离奢侈，避免浪费；看到父母孝敬老人，孩子便学会了尊老爱幼；看到父母为人守信，孩子便学会信守承诺；看到父母花钱大手大脚，孩子便学会了挥霍无度；看到父母骂人，孩子也便学会了说脏话……父母对孩子的影响就是如此，从一言一行中逐渐渗透，潜移默化地影响孩子。一对好父母，应该学会提升自己的素质，用言传身教的方式来教育孩子，帮助孩子及时纠正不良的行为举止。

英国首相撒切尔夫人，当她第一次踏上举世瞩目的唐宁街十号时，曾对着全国媒体记者说道："我现在的一切成就，都要归功于我的父亲——罗伯茨先生，感谢他对我的悉心教育，教会我为人处事，我一直很感激他。"

撒切尔夫人并非出身于高贵的家庭，父亲只是英国格兰文森小城的一家杂货店店主。但是在撒切尔夫人很小的时候，罗伯茨先生就给她灌输各种积极正面的思想。比如说，凡事都要有自己的主见，要学会用自己的大脑分析问题，辨明谁是谁非，不能随波逐流，人云亦云。在日常生活中，罗伯茨先生也着重培养女儿"严谨、准确、注重细节，严格区分正确与错误"的独立人格。

撒切尔夫人七岁那年，罗伯茨先生第一次带女儿进入图书馆。他对女儿所看的书有严格的限定，只允许她看人物传记、政治和历史书籍这三类图书。正是因为罗伯茨先生的这种有意引导，才有了后来撒切尔夫人辉煌的政治生涯。撒切尔夫人的早年生活可以说是清淡艰苦的，那个时候家里没有浴室，没有热水器，也没有室内厕所，她更没有一件值钱的物品，更别说去电影院看场电影了。其实，这并不是罗伯茨没有那点钱，而是他执意为女儿创造艰苦的环境，他想让女儿明白穷人的艰辛，催促她不断发奋向上，让她明白任何事情都要自己经历过才能更好地记住，让她树立一种节俭朴素、赤手空拳打天下的思想。罗伯茨先生每个礼拜天都会带着女儿到芳金大街的教堂去听牧师的祷告，有意培养女儿成为善良的孩子。在生活中，罗伯茨先生也会有意无意地与女儿就某种问题进行辩论，以培养她冷静机智的性格以及富有感染力和穿透力的雄辩艺术。撒切尔夫人十一岁那年，考入了凯斯蒂女子学校，这在当时当地是件很了不起的事情。她在校期间也积极参与各种活动，比如在凯斯蒂辩论俱乐部的辩论会上，她就以敏捷的反应、独特的观察力、准确的表达能力及磅礴的气势压住全场，让同学们甘拜下风。

正是因为罗伯茨先生独特的教育方式，培养了撒切尔夫人的独立人格，使撒切尔夫人从一个小城里的普通小女孩一路攀升至一位连任三届的英国首相，执政十二年，并在世界政治舞台上叱咤风云。

由此可见，父母的教育对孩子来说有多么重要！父母的素质有多高，孩子就能飞多高。

那么，想让孩子将来飞得更高、更远，父母应该怎样做呢？

（1）家长应该用身边的小事来启发和鼓励孩子。

什么事情都有第一次，孩子在每一个第一次时，不可能都一帆风顺，常常会产生各种各样的问题，这时，家长应该做的就是帮助孩子认识到自己的问题在哪，切记不能打骂，然后鼓励孩子再试一次，从中发现造成失败的原因，避免下次再犯。好习惯的培养都是从身边的小事开始。当孩子做对了一件事，千万不要吝惜赞美，要适时鼓励孩子，以期下次做得更好。在生活中父母也要以身作则，用实际行动来向孩子证明应该怎样做，从细微的小事着手，有意无意地培养孩子知错就改的品质。

（2）潜移默化中影响并改变孩子。

如果孩子有不良行为，家长不能使用过激的方式，比如打骂、苛责等，这样会给孩子的心灵造成伤害，不利于孩子的健康成长。教育孩子改变不良的行为方式，并不是一朝一夕的事情，单靠打骂的方式是无法真正改变的。在与孩子朝夕相处的时间里，父母可以通过潜移默化的方式来影响并改变孩子，做任何事情都要循序渐进，一步一步来，千万不能急于求成。比如说，孩子饭前不洗手，家长教育过但没收到效果，这时父母可以通过自己的实际行动为孩子做出榜样，一步一步地影响并改变孩子。潜移

默化的方式可以在有形无形中让孩子知道这件事该怎样做，把家长正确的方式引到孩子的日常行为中来，督促孩子养成良好的习惯。

（3）家长要不断提高自身素质。

只有一个好的家长，才能成就一个孩子的完美人生。在家庭教育的过程中，家长也要不断审视自己，不断提高自身素质。家长犯了错，也要勇于向孩子承认错误。不能因为觉得这会使自己的权威受到挑战，而不理会自己的错误。当父母发现自身有不良行为时，要及时改正过来，并向孩子及时道歉并指出。社会在不断发展进步，人们的思想也在不断改变，家长要不断更新知识，补充能量，这样才不会被社会所淘汰，才能与孩子共同进步。

本节家教智慧

孔子说："吾日三省吾身。"圣人也会有做错事的时候，要经常审视自己，才能教导他人。父母也是这样，父母是孩子模仿、学习的对象，父母的一言一行都会成为孩子的行为准则。父母要不断地提升自己，才能更好地教育孩子。对待孩子的不良行为，也切记不要用打骂、娇惯的方式来管教，要知道孩子的心灵十分脆弱，经不起打骂和娇惯的折腾，不要既误了孩子，又影响亲子关系，这样就得不偿失了。

3

父母要培育孩子哪些素质

每位父母都希望自己的孩子长大之后能够受他人尊敬，成为对社会有用的人。因此，对孩子素质的培养就成为了父母的心头大事。一个受欢迎的人，首先就应该是个品格高尚的人。正因为如此，父母对孩子的素质培养则成为塑造孩子品格的重中之重。

要想自己的孩子成为怎样的人，父母首先就得制定合适的培养目标，不能盲目追随大众、随波逐流。

一个人是否成功，在很大程度上会受到他的个人素质的影响。不能让孩子输在起跑线上，教育应该从娃娃抓起。父母在希望孩子成才的同时，千万不能忘记孩子的素质教育。因此，父母应从小培养孩子的各种素质，让孩子成为对社会有用的人。而家长在教育孩子的时候，千万不能用激进的教育方式，如打骂、责罚等，对孩子要进行素质教育，培养孩子的各种优良品格才是最重要的。

因此父母应该从这几方面来培养孩子的素质：

（1）培养孩子坚强、勇敢的品格。

坚强与勇敢的品格是孩子成长过程中必不可少的两种品质，它能让孩子在独自面对困难时，不成为逃兵，也不用担心他被困难所击倒。在成长的过程中，孩子总会遇到各种困难，总会有难以过去的坎，如果父母从小就培养孩子坚强勇敢的品格，从生活小事开始教育，孩子便能拥有直面磨难的勇气，能够坦然接受失败，并在遇到困难时不轻言放弃。

（2）培养孩子积极乐观的生活态度。

不如意事十之八九，孩子在面对不如意的事情时，常常不知所措，如果孩子没有积极向上的生活态度，就会对社会上的一些不良现象耿耿于怀，只看到生活中的阴暗面，然后黯然伤神，这样对他们的成长极为不利。所以，对于父母来说，及时疏导孩子的悲伤情绪是十分必要的，要教会孩子以平常心来面对不如意的事情，正确理解社会上的正常和不正常的现象，从中挖掘出生活中美好的方面。

（3）培养孩子善良、感恩的品格。

善良、淳朴是中华民族的传统美德，一个善良的人是能够受到人们喜爱的，相信谁都不愿意与邪恶为伍。懂得感恩的人，会得到他人的尊敬。如果孩子具备善良、感恩的可贵品质，他在成长的道路上也就更能顺风顺水。一个懂得以善良之心对待他人的人，就会减轻不少烦恼；一个懂得真心感恩的人，也很少会去抱怨命运的不公。因此父母要培养孩子善良、感恩的品格，让孩子从小学会感恩，学会宽以待人。

（4）培养孩子有担当、有责任感的品格。

孩子犯了错，父母要及时给予指正，让孩子正视自己的错误，不逃避责任，做个有担当、有责任感的人。在生活中，大多数家庭都是独生子女，大人都围绕一个孩子转，孩子做错了事，应该要承担的责任，都让父母抢着承担了，这就不能怪孩子没有责任感。因为归根结底都是父母自己造成的。作为父母应该明白，一个有担当、有责任感的人，才能够得到他人的信任。而培养孩子的责任感，就要从生活小事入手，比如吃饭、穿衣、做作业等，这些都让孩子自己动手，不能家长一味地包办。

（5）培养孩子大气、宽以待人的品格。

人生最大的美德就是宽恕，能够宽以待人的人才会被所有人喜爱。家长要培养孩子树立宽恕他人的品格。在生活中，每个人都难免会和他人发生摩擦、碰撞，如果一味地记恨他人，不仅会给他人带来伤害，还可能使自己活在阴影中。同样，如果人们不能宽容自己的失误，总是一遍一遍地折磨自己，不仅会让自己丧失生活的信心，还可能导致严重的心理问题。所以，家长要在日常的生活中向孩子灌输宽以待人的品格，对于孩子的错误，家长要以博大的胸襟来原谅孩子，同时教育孩子要以宽容之心对待别人，并以宽容的心来接受自己成长中所犯的错误。

（6）培养孩子诚实守信的品格。

当今社会，诚信缺失现象十分严重。家长培养孩子诚实守信的高贵品质成了一项刻不容缓并且伟大而艰巨的使命。在孩子的成长过程中，家长要不断向孩子灌输诚实守信的思想，同时父母自身也要做到诚实守信，让孩子处在充满诚信的环境中，孩子自然会耳濡目染，成为一个诚实守信的人。

本 节 家 教 智 慧

现在的家长越来越重视对孩子各种特长的培养，往往忽视了孩子最基本的素质培育。其实，只有先成人，才能成才。所以，父母在对待孩子的教育问题上，应该多重视孩子的素质教育。

第九章

孩子犯了错，不能成为你打骂孩子的理由

——宽容但不要纵容犯错的孩子

　　期望孩子生活得更好，少走弯路，这是每个家长的愿望，为了达到这个愿望，家长严格要求自己的孩子，这是可以理解的。但是家长也要知道人活在世上，难免犯错，人非圣贤，孰能无过？成人尚且会犯错，更何况孩子呢？家长不能对孩子要求太多，须知有些事情是要孩子自己经历了才能够理解，才可以学会的。人生需要错误，所以请给予孩子犯错的机会。

　　孩子犯了错，家长会恼怒，会发火，对孩子提出批评以防再犯也是正常的，然而有些家长竟对犯错的孩子大打出手，这样的教育方式就实在不可取了。孩子犯错并不能成为家长打骂孩子的理由；家长对孩子提出批评也要注意一定的方式方法。家长应该宽容孩子的错误，明确批评孩子的目的之所在，那就是让孩子以后不再犯同样的错。因此，家长应该做的是，给予孩子相应地帮助和引导，当然宽容并不等于纵容，要掌握好度。

1

批评孩子也要"偷偷"地进行

许多家长在得知孩子犯了错之后，怒不可遏，急于批评孩子。批评孩子是没错的，然而批评也要注意时间和场合。

吴刚，15岁，原本是个乖巧的孩子，学习成绩也不错，为人也很热情，街坊邻居对他印象都非常好，然而就是这么乖巧的一个孩子，却被送进了少管所。

事情还得从两年前说起，那时候吴刚刚上初中，一天下了课，朋友陆军和其他两个同学邀请吴刚去上网玩游戏。由于在家父母管得严，吴刚也没怎么玩过游戏，心里觉得不妥，一开始没答应，但禁不住几个朋友的劝说和激将法，碍于面子吴刚就去了。之后陆陆续续还去了好几次。后来吴刚的父母知道了这事，在家里对吴刚进行了批评，他也表示以后不去了，但还是禁不住游戏的诱惑以及朋友的劝说，吴刚之后又去了好多次，随后一发不可收拾。有一天，吴刚正在网吧兴奋地玩着游戏，突然父母找来了，他们见到吴刚就开始批评。父母当着这么多人，特别是自己朋友的面批评自己，这让吴刚觉得非常没面子，但一想，他们毕竟是家长，父母也是为自己好，就没说什么，默默地跟着父母回家了。之后的一段日子，吴刚也没再去网吧，可是过了段平静的日子之后，吴刚又耐不住了，于是，约好朋友到了个远点的网吧玩游戏。而从那时起一直到前段时间，父母没少在朋友面前批评他，他都忍了，可是上个礼拜发生的事情，将吴刚彻底惹恼了，父亲在网吧找到他后，不但当着那么多人的面批评他，居然还动手打了他。这下吴刚彻底无法忍受了，他摔门而去。来到外面的他越想越生气，认为父亲太不给自己面子了，于是，他把自己的父亲杀了。

15岁的吴刚正处在青春期，自我意识膨胀，自尊心强，在朋友面前受到了家长的批评，甚至挨了父亲的打，这让他的自尊心受到了极大的打击，一时让愤怒冲昏了头脑最终发生了这样的惨剧。

孩子犯了错误是应该批评，可是批评也得注意方法。首先，要尊重孩子。切不可因为自己是家长就不尊重孩子，对孩子进行人身攻击，进行侮辱，甚至大打出手。其次，要明白批评孩子的目的是什么。一般来说家长批评孩子是为了让孩子认识到错误，进而改正错误。而有些家长时常会犯同样一个错误，就是带着消极或不满的情绪去批评孩子，在孩子身上发泄自己的愤怒和失望，以为自己凶一点，骂狠一点，孩子就会改。其实这些家长都错了，家长的这些行为仅仅是让孩子"害怕"而已，并没有从根本上解决问题，孩子也并没有认识到自己错了。众所周知，要想让一个人改变错误的行为或者观念，首先得让这个人认识到自己的错误，只有自己意识到了错误，才能发自内心地想改正，也才能坚持下去。另外，家长切忌当着别人的面批评孩子。很多家长认为，在外人面前批评孩子，可以让孩子感到羞耻，更容易促进孩子改正错误，其实不然，孩子也是有尊严的，特别是自我意识强而且处于青春期的孩子，在外人面前批评他，不但不会让他改正错误，相反，他们只会觉得自己的自尊心受到了打击，只会觉得父母这样做就是故意让他在外人面前出丑，进而使孩子与家长的关系更加疏远，对孩子的教育更加不利。

还有些家长，在外人面前批评孩子并不是为了使孩子认识错误、改正错误，而是为了显示自己的聪明，是为了挽回自己的面子。他们传递出来的信息是：这孩子不像我，我比他更聪明。这样的观念、行为本来就是错误的，就更谈不上促进孩子认识错误、改正错误了。

聪明家长的做法是，把孩子带回家，"偷偷"地、平心静气地批评孩子，认真地听孩子讲出自己做错的原因，然后给孩子讲明道理，协助孩子认识错误，帮助孩子解决问题。

在孩子的成长过程中，犯错误是正常的，而作为家长，在孩子犯错后，一定要冷静，要用正确的处理方式对待孩子，既让孩子明白自己所犯的错误，又不伤及到孩子的自尊，并能给予孩子以正确的引导，让他在以后不再重犯同样的错误，才是上上策。一个孩子拥有智慧的负面，也是其顺利成长，成为优秀人才的必备条件。

本节家教智慧

孩子犯了错误是需要批评，但是批评的目的不是为了家长的面子，而是为了使孩子认识到自己的错误。对孩子"偷偷"地批评既能照顾到孩子的面子，又能更好地让孩子认识到自己的错误。何乐而不为呢？

2

顺其自然，给孩子犯错的权力

一些家长总是担心自己的孩子犯错，于是对孩子谆谆教诲，反反复复地唠叨，唯恐他们行差踏错。每个家长都渴望自己的孩子走的是一条康庄大道，没有颠簸，没有一点坎坷。殊不知，让孩子犯错也是必要的，而且孩子也有犯错的权力。

错误也是一种资源。错误可以让孩子知道自己的不足；错误可以让孩子明白是非对错；通过错误孩子可以提高抗挫折能力。

家长要求孩子不能出错，其实也反映了家长自身的教育不当。心理学家研究表明，最好的家庭教育模式不是专制型家庭模式，也不是放任型家庭模式，而是民主型的家庭模式。

在专制型的家庭模式之中，父母是权威，父母怎么要求，孩子就要怎么做，从来不允许孩子有异议。这种家庭对孩子的要求也非常严格，坚决不允许孩子出错。在这样的家庭中成长的孩子，或者没有主见，对父母过于依赖；或者非常叛逆，但叛逆之中又有依赖，处于这两者的矛盾当中。这种家庭出来的孩子，人格也受到了一定的影响，时常表现为为人处事非常谨慎，容不得一点错误，不论是自己的错误还是别人的错误。

在放任型的家庭中成长的孩子则相反，他们可能会非常自立，也可能非常任性。

唯有民主型的家庭对孩子的成长才最有效。在民主型的家庭中，家庭气氛宽松，对于孩子的要求既不像专制型的那么严格，又不像放任型的家庭那样随意。家长对孩子的错误越宽容，越不计较失败，孩子的表现力越好，孩子也会越努力。一个人唯有不担心出错、失败，才能将自身的能量发挥到最大！

对于孩子的教育，家长应该顺其自然，给孩子犯错的权力。家长所要做的仅仅是在错误犯下之后对孩子予以告知、教育，使孩子从中得到经验教训，引导孩子承担自己所犯下的错误。

乔治·华盛顿小时候住在农场中，他父亲老华盛顿有个果园，果园里种了各种各样的果树，其中一棵是老华盛顿从太洋彼岸移植的一棵品种上好的樱桃树，他嘱咐奴隶一定要看好这棵树，不能让任何人动它。这棵樱桃树长得非常好，第二年春天就开满了白花，老华盛顿想，用不了多久就可以吃到樱桃了吧！他心里感到非常高兴。

一天，有人送给乔治一把漂亮的斧子，乔治非常开心，拿着它在果园里乱砍，见什么就砍什么，树枝、篱笆、杂草等等都遭了殃。这天，乔治来到了那棵樱桃树前面，他想要用这棵樱桃树来试试自己的斧子，于是，这棵树就被他砍倒了。奴隶们看到后，对乔治说，这是他父亲最心爱的，不能砍！乔治意识到自己犯了大错，他踌躇了很久，但是想起父亲对他说过，人不能撒谎，他觉得自己也不能撒谎，于是，他跑到父亲面前承认了自己的错误并要求父亲责罚自己。而老华盛顿并没有因为心疼樱桃树而责怪乔治，相反，他对乔治说："现在樱桃树死了，我们以后再也吃不到樱桃了，这的确让人遗憾。不过，我同时也感到很开心，因为你敢于承认自己的错误，敢于承担因此带来的责任。我宁愿不要这棵树，也不愿你不诚实，更不愿意看到你不敢承担因自己犯的错而带来的后果。孩子，记住这句话！"乔治从未忘记父亲的这句话，直到生命结束前，这句话依然清晰地刻在他心里。

其实，犯错误并不可怕，不必对它唯恐避之不及，犯错误是每个孩子成长过程中不可缺少的一环，只有经历了大大小小的错误，孩子才能健康成长。

家长要顺其自然，允许孩子犯错误，但是在孩子犯了错之后，要让孩子认识到错误，这样，在以后他才不会在同一个地方跌倒，孩子在错误中领悟到一些道理才是最重要的。

本节家教智慧

　　家长要指导孩子树立正确的善恶观，是非观，但同时，对于一些小错误，家长要顺其自然，允许孩子犯错误。因为这些错误对孩子的成长也是很有益处的。

3

面对孩子的错误要宽容但不要纵容

　　孩子心思比较单纯，犯错也是在所难免的，有时候孩子犯错并不是他们有意为之，也不是他们明知故犯，况且家长也应意识到孩子犯错误的过程其实也是孩子成长的过程。宽容对待一个孩子犯的错，比严格要求、不让孩子犯错，对孩子的成长更有效。

　　刘清扬老师总结了多年的教书经验后，她得出一个结论：宽容孩子的错误比教育、批评、责罚更有效！

　　刘清扬刚来学校教书的时候并不知道如何才能教好学生，那时候她觉得老师就应该给孩子一些颜色看看，不然怎么树立威信？第一天上课，她就宣布了严厉的班规，结果没过几天就有学生犯错了。她的班规明确规定：作业必须按时交。可是那天有个学生不知道什么原因就是不交作业，学习委员没辙，刘清扬只好亲自来催，可是那个学生就是不交，也不说明原因。无奈，刘清扬只好把这个学生留下来罚抄三十遍。有了先例，之后陆陆续续有学生不交作业。刘清扬也没办法，不能体罚，只好每天上课批评他们，给他们讲大道理，课后留下他们，亲自监督他们把作业罚抄完，这种状态一直持续到去年。去年发生的一件事情改变了刘清扬的教育理念。

　　那天下了课，她正准备在办公室休息一下，喝点水，可是还没等她坐下，学习委员就慌慌张张地跑过来，说："刘老师，不好了，李俊和张彪打闹的时候李俊把张彪推倒在地上，现在张彪躺在地上疼得直哭，站都站不起来了！"刘清扬一听，顾不得喝水，迅速地来到教室，她看到张彪摸着自己的左手哇哇大叫。刘清扬一看这架势，不敢怠慢，赶紧把孩子送到医务室，医务室也没办法，只好通知张彪的妈妈，一起把他送到了医院。

所幸，张彪并无大碍，刘清扬总算放心了，但他心想，出了这么大的事，回去一定要狠狠地批评李俊，让他记住这次教训。回到学校后，刘清扬找来李俊，对他说："你知道错了吗？回头叫你母亲过来。"谁知，李俊一副死猪不怕开水烫的模样，说："叫就叫，有什么大不了！"刘清扬一听，气就不打一处来，说道："好，你无所谓是吧！过几天再收拾你！叫你妈妈联系我！"连续几天刘清扬都在调停张彪母亲和李俊母亲之间的事情，没有理李俊和张彪。没想到就几天的时间，李俊似乎发生了变化，看到刘清扬的时候，总是别别扭扭，还显得很害羞，一副理亏的样子，上课也听话多了，下了课也不再打打闹闹。过了几天，张彪也从医院回到了学校，张彪回来的这天晚上，刘清扬在改作业的时候发现李俊和张彪两个人的作业本里都夹了一张字条，上面写着："老师，我错了！这事都怪我！"后面还写了这件事情的整个过程，以及他们各自的道歉书。这时，刘清扬既感到欣慰又感到疑惑："这几天这么忙，我并没有批评他们啊，他们是怎么意识到自己的错误的呢？难道是因为我没管他们，他们感到内疚？"第二天，刘清扬找到了他们俩，经过了解后才知道，原来正是她没去理他们俩，才让他们很担心会受到老师的惩罚，被老师冷落后，李俊和张彪对自己的行为进行了反省，意识到了自己的错误，感到很内疚。这时刘清扬才意识到，孩子犯了错，对孩子进行责罚并不一定都能起到效果，反而是宽容孩子的错误更容易教育孩子！

列宁曾说："孩子犯错，那是上帝也要原谅的。"所以说，家长应该宽容孩子的错误，当然不能纵容孩子的错误。

因此，在对待这个问题上，首先，家长应该认识到，孩子会犯错这是在所难免的，家长也应该接受这个观点。因为只有家长自己接受了这个观点，才能心平气和的对待孩子的错误，才会尊重孩子、保护孩子的自尊心，才能静下心来听孩子解释以及引导孩子认识错误、改正错误。

其次，认清孩子的错误。有些错误是孩子无意犯下的，甚至孩子根本不知道自己的行为是对还是错，这是可以原谅和改正的。对于这类错误，家长一定要宽容、温和地指出错误的地方，提醒下次别犯同样的错误。有些情况下，孩子故意犯错，对于这类情况，家长一定要严厉批评，严肃地

指出孩子错误的地方以及可能造成的危害，绝不能袒护孩子。

但是，不管是哪一类错误，家长都要告诉他们以后不能再犯同样的错误。

再次，家长要认真地倾听孩子的解释。无论孩子犯错是有意还是无意，一定要听孩子的解释，切勿不分青红皂白就妄加批评、教训。认真倾听了孩子的解释才可以更好地指正孩子的错误，让孩子对自己的错误有更深刻的认识，这样有助于孩子主动改正错误。犯了错误的孩子，其实更需要家长的宽容，家长的宽容可以更好地保护孩子的自尊心，孩子也会觉得家长平易近人，更易于接受家长的教育。家长的宽容，同时也是对诚实、担当的孩子的一种鼓励。

最后，要注重培养孩子的自我教育能力。当孩子意识到自己犯了错的时候，他也会在内心反省。犯了错谁都会不安，这时，家长应该注意保护孩子的这份不安，将这份不安转化为孩子的自我教育能力。家长还可以通过名人故事、童话故事等培养孩子的自我教育能力，对于多次犯同样错误的孩子，家长也要耐心地予以指正、教育，不能失去信心，并因此失去耐心。

本节家教智慧

宽容孩子的错误，但不是纵容孩子的错误，对于孩子的错误一定要区别对待。对于孩子所犯的一些性质恶劣的错误，家长一定要给予及时而严厉的批评，绝不袒护；对于孩子无意犯下的错，则该宽容处理。这样才有利于孩子的成长。

发挥榜样的力量——在他人面前表扬孩子的朋友

　　榜样的力量是无限的。孩子心智不成熟，自尊心重，表现欲也很强，家长正好可以利用孩子的这些特征帮助孩子改正错误，促进孩子成长。

　　说起叶天，叶天妈就滔滔不绝，得意之情溢于言表。谁也没想到，叶天会改变得这么快。以前叶天一直是父母的心病，现在却成了他们骄傲的资本。

　　叶天从小就和爷爷奶奶生活在一起，像所有的爷爷奶奶一样，叶天的爷爷奶奶对叶天也是万分宠爱，几乎是想要什么就有什么，一言一行都被爷爷奶奶关注着，叶天就是家中的小皇帝。这是这样，使他养成了任性、以自我为中心、不懂得忍让等缺点。后来为了给叶天一个更好的教育环境，叶天妈把孩子接了过来，和他们住一起。原本想好好教育孩子的叶天妈没想到孩子已经被惯得根本无法管教。叶天和爸妈住在一起之后，成天看电视，任凭爸妈打骂他都不听。每次不让他看电视他就大吵大闹，摔东西、不吃饭，甚至扬言要离家出走。他的需要也必须马上满足，比如说要吃饼干，那就得马上给他拿来，甚至说去买都不行；他说要吃饭就得马上给饭吃，对他说："饭马上就做好了，你等两分钟。"他也不听，马上就闹起来了。打骂都不管用，越是打骂，他就闹得越凶。所以家里必须随时准备着他喜欢吃的零食、随时准备好饭菜。叶天爸妈被儿子弄得昏头转向，筋疲力尽。他们想尽了一切办法，都无法改变儿子的刁蛮性格。直到有一天他们居然发现叶天在家做作业，这让他们惊喜异常，马上送上了一大堆的表扬，同时旁敲侧击地询问原因。原来，今天他的老师在课堂上当着全班同学的面表扬了一个同学，表扬他按时完成作业，并且完成得非常好，还奖了他一朵小红花，同学们很是羡慕。叶天也想得到老师的表扬，

也渴望得到一朵小红花，于是，回家就开始做作业了。

叶天爸妈对此感到非常奇怪，便去咨询了一个心理学专家，心理学专家告诉他们这是所有孩子的特点，孩子自尊心强，表现欲也很强，他们渴望得到周围同伴的认可，所以会模仿同伴中威望高、大家认可的人的行为举止，以期望得到同伴的认可。针对叶天的情况，专家给叶天爸妈提出建议：家长希望孩子改变什么行为，就应多在孩子及外人面前表扬他人的行为，并且及时发现孩子的改变，予以表扬。叶天爸妈听了之后，专程去了解了一下叶天同班同学的情况，回家之后就利用这个方法帮助叶天改正错误和坏习惯，效果非常显著。经过几个月的努力，现在的叶天不仅变得乖巧听话了，而且学习成绩也上去了，再也不是以前骄纵无礼的叶天了。一说到这些改变，叶天妈就乐得合不拢嘴。

利用榜样的力量帮助孩子改变不良的行为是个高明的办法。社会学理论心理学家班杜拉特别重视榜样的作用，并提出了"观察学习"的概念。他认为，孩子的行为几乎都是通过模仿而来的。模仿好的行为可以让孩子形成好的行为习惯，模仿不好的行为就会形成不好的行为习惯。他还认为榜样可以对孩子的言行起到强化作用，孩子通过观察榜样的行为以及外人对榜样的行为的反应，强化表现或者不表现该行为。班杜拉曾经做过一个实验，他将参与试验的孩子分为三组，这些孩子分别观看一段视频，第一组孩子观看的视频中是一个男子（榜样）在击打一个玩偶，打完之后有人给予这个男子表扬（正强化）；第二组孩子观看的视频中同样是一个男子在击打玩偶，但是男子打完之后受到了外人的批评（负强化）；第三组孩子观看的视频中仍然是一个男子在击打玩偶，但是打完之后既没有受到表扬也没有受到批评。之后，实验人员又把这些孩子分别带到一个房间，这些房间中的视频里都出现了一个玩偶，主试在外面观察这些孩子的反应。研究发现：第一组孩子做出了明显的击打行为，第二组孩子只有极个别做出了击打行为，第三组孩子是正常表现。

从这个实验中，班杜拉得出了一个结论：榜样具有巨大的力量，既可以促进孩子的学习，也可以抑制孩子的学习。这个理论后来被运用到了行为治疗之中。

对于孩子的不良行为和错误，家长们要善于利用孩子的模仿力、表现欲，通过在他人面前表扬孩子的朋友以改变孩子的行为、纠正孩子的错误。但是在这一过程中，家长也要注意以下几个方面：

（1）榜样必须是孩子认同的、羡慕的或者和孩子相似的。

只有让孩子认同并羡慕的人才可以称之为榜样，对于不认同的人，孩子根本不会存在向他们学习的欲望，再怎么表扬也是没用的。同样，目标不要定太高，千万不要将孩子根本无法做到的行为作为孩子的榜样，因为如果目标太高，孩子则根本无法做到，不但不能帮助孩子，反而会打击孩子的自信心。

这些榜样必须是孩子熟悉的，或者和孩子关系较好的人，也就是孩子的朋友，对于不熟悉的人孩子不会有意识去模仿；而与孩子熟悉的人，在年龄、环境、学习程度等与孩子相似，更具有可学性、可比性，也更容易激发孩子的斗志。他们能做到，我也能做到！

（2）榜样要有针对性。

一方面，为了孩子纠正错误和不良行为而设立的榜样要有针对性，而且要富于变化，不能每次都是"邻居家的"，否则会产生超限效应，即孩子听得过多了就会变得麻木并且出现排斥心理。另一方面，对于榜样的表扬也不能过于夸张，要有事实依据，毕竟孩子比家长更熟悉这些榜样。这些表扬单独在孩子面前说有用，如果有外人在的话，其效果将更显著。

（3）及时肯定孩子。

为孩子树立榜样固然重要，但是不能为求孩子的改变，一味地在别人面前表扬孩子的朋友，对于孩子的优点和改变也要予以及时的表扬与鼓励。

如果只是一味地表扬他人，不但会产生超限效应，而且会严重打击孩子的自信心，让他觉得自己一无是处，从而更加自卑；对于孩子的改变，如果不予以及时的表扬，则会使孩子失去改变的动力，因为得不到家长的

认可，孩子会觉得自己即使改变了也没有意义。更不能在外人面前否定、批评孩子。所以家长要积极地关注孩子，及时地发现孩子好的改变，并予以及时地表扬，这样才会使孩子产生源源不绝的改变自我的动力。

（4）家长要以身作则。

家长希望孩子改变，除了在外人面前表扬孩子的朋友之外，家长也要以身作则。俗话说，身教重于言传，况且家长与孩子朝夕相处，是孩子最熟悉的人，对孩子的影响也最大，所以，对于孩子的某一行为，如果家长的言传与身教不一致，孩子就会矛盾，进而不知所措。因此，家长一定要以身作则。

本节家教智慧

榜样的力量是无限的，在他人面前表扬孩子的朋友，既可以为孩子树立一个真实的、亲近的榜样，也可以激发孩子的模仿动机，但是对榜样的表扬也要注意原则，不能过于频繁，也不能夸大。

5

孩子犯了错也要平等交流，不要乱发脾气

孩子犯了错，家长对孩子进行批评教育本无可厚非，而且孩子犯了错确实需要进行教育，以防孩子再犯。然而批评也要讲究方法，正确的方法可以让孩子认识到错误，心甘情愿地接受家长的批评，继而纠正错误；不当的方法不仅不会使孩子纠正错误，甚至使他不能意识到自己的错误，这就有违家长批评的初衷了。

赵斌已经两年没有跟孩子赵舒说话了，这是他的一块心病。说起这事他就悔恨不已。这还得从两年前说起。

那时赵舒刚上高中，初中的时候赵舒成绩特别好，可能是因为不适应，上高中后赵舒成绩下滑了很多，昔时今日的差别，让赵舒的情绪很不稳定，学习也没以前那么积极了。几次考试下来，赵舒都排在后面，赵斌知道后也没骂他，只是让他努力。可是有一次他被赵舒的班主任叫到了学校，并被告知赵舒在外面跟人打架。一听这话，赵斌就火冒三丈，想到孩子学习成绩这么差，居然还在外面打架。回到家后，看到儿子就是一顿臭骂，甚至还抽了赵舒一耳光。赵舒没有还手，也没有解释，等赵斌骂完之后就走了。后来，回到家后他就一言不发，任赵斌怎么问都不回答。过了没多久，赵斌才从别人那里得知赵舒并没有参与打架，只是路过而已。虽然知道了真相，可是碍于情面，赵斌也没有向孩子道歉，于是就与孩子僵持到现在。

孩子犯了错，作为家长有责任批评教育孩子，可是赵斌却犯了个很多家长都容易犯的错误：在没了解事情真相后，便盛怒之下体罚孩子。

孩子都渴望得到同伴的认可，家人的认可，渴望得到尊重，可是盛怒之下，家长往往不分青红皂白对孩子大骂一通，这样就极易引发矛盾。所

以，家长在批评孩子之前，一定要搞清楚批评孩子的目的，批评孩子是为了让孩子认识到自己的错误，进而改正错误。

可是许多家长不知道怎样做才能使孩子认识并改正错误。专家认为，首先家长必须在孩子犯了错的时候控制好自己的情绪，与他平等交流，而不是乱发脾气。对此，家长可以采取下列办法来对待犯了错误的孩子：

（1）"熄火"后再批评。

乍听孩子犯了错，家长都容易发怒，这是很容易理解的，但是切忌盛怒教子。盛怒之下，人的意识会变得狭隘，容易失去理智，盛怒之下父母也无法听取孩子的解释，容易造成屈打成招，而且盛怒之下批评孩子，孩子往往也难以接受，只会平白地增加孩子的反抗心理，孩子不但听不进批评，还会以为是家长小题大做。

所以，为了孩子能够接受批评，家长一定要等"熄火"之后再去批评孩子。"熄火"不但指平静家长的心情，也指平息孩子的火气。孩子盛怒之下也不能够理智的分析整件事情，不能够认识到自己的错误，更谈不上接受批评了，所以孩子也需要平静心情。孩子意识到自己犯了错之后自己也会内疚，但有时候表现得并不明显，只有等孩子的心情平静下来之后，才能够花心思去反省自己，反省整个事件的经过，当孩子认识到自己的错误之后，往往不需要家长花费过多口舌，孩子也会改正错误，接受家长的批评。

（2）给孩子解释的机会。

很多时候孩子无心犯错，如果这时候对孩子不分青红皂白地批评一通，不仅不会得到好的效果，还会使孩子感到莫名其妙，甚至惊吓到孩子。给孩子一个解释的机会，或许孩子也是出于好心，但方法不对，最终好心办了坏事而已。那么这个时候，家长不但不应该批评孩子，而且还要表扬孩子，鼓励孩子，接着指导孩子改正自己的方法。就算不是好心办坏事，也需要给孩子解释的机会，听听孩子是怎么想的，只有了解了孩子的想法，才可以更好地帮助孩子认识错误、纠正错误。

（3）就事论事的批评。

批评孩子一定要就事论事，切不可对孩子进行人身攻击。翻旧帐、对孩子人身攻击只会让孩子更加反感，更加听不进去，甚至给孩子的心理带来极大的影响。为了让孩子更深刻地认识错误，对孩子进行批评的时候一定要注意言语措辞，要和气而不失严厉，理性而不失爱意。对孩子循循诱导，将工作做到孩子的心坎里去，让孩子主动意识到自己的错误之处。要循序渐进步步深入，让孩子领悟到正确的待人处事方法，这样才能让他从心底里认识到自己的错误，这样的教育也才能收到最大的效果。

（4）讲究批评的艺术。

对孩子的批评教育，可以借助心理咨询的方法，先和孩子建立良好的关系。要做到这一点，就要尊重孩子，不要带着批判的眼光看待孩子，要将孩子看成是和自己一样的人，让孩子信任自己，然后他才会对你说出他心底的话，你再对他的错误进行分析、给他提建议他才能更容易接受。

对孩子进行批评或者说提建议的方式也值得父母注意。不能直截了当地说："你这么做是错的，应该这样做，不能那样做。"如此直白的话，只会破坏你们之间的关系，磨灭他的信心，家长对他的建议也起不到任何作用。

家长可以将批评融于表扬之中。孩子都是好面子的，是不愿意接受批评的，这时家长可以先对孩子的优点和做得好的地方进行表扬，然后委婉地指出他的缺点，进行批评教育。

家长也可以将批评融于帮助之中。对于孩子的错误先不做出批评，而是先对孩子进行关怀，对孩子经常犯的错误进行耐心的指导。用幽默的哲理故事、童话故事、寓言等缓解气氛，减轻孩子的压力，最后再温和地对孩子进行批评。

家长还可以将批评融于宽容之中。宽容如烈火一般，可以消融一切的隔阂，也更易让人改正自己的错误。家长要有包容的心，包容孩子的错误，承认孩子既有优点也有缺点，也难免会犯一些错误。对孩子的包容，

会让孩子感受到爱的力量，以及家长对自己的期望，这对孩子改正自己的错误是很有利的。

家长还可以将批评融于激励之中。人最可怕的不是不知道自己的错误，而是对自己失去信心，觉得自己已经无可救药了。因此，家长在批评孩子时，可以将批评寄于激励之中，通过发现孩子的优点，通过名人故事、寓言童话等激励起孩子的信心，在激励的同时委婉地批评孩子。

本节家教智慧

恰到好处地批评可以使孩子更加深刻地认识错误，也可以使孩子乐于接受家长的批评教育。但无论采取什么方法，都要尊重孩子，平等地对待孩子，不在孩子身上发泄情绪。因为家长批评孩子是为了让孩子改正错误，而不是为了发泄自己的怒火。

第十章

孩子的"小毛病"，不能成为你打骂孩子的理由
——"砍掉"孩子身上的小毛病

　　每个孩子都是一块璞玉，任何玉都是有瑕疵的，要如何把孩子身上的"瑕疵"变成"闪光点"呢？这着实需要花费一些功夫。

　　孩子在慢慢长大，他的一些"小毛病"也会慢慢地凸现出来，作为父母或许会觉得烦，觉得累，但是这些都不能成为你打骂孩子的理由。孩子需要一片独立安静的天空，打或骂只会破坏了这份独立和安静，因此是万万不能存在的。

　　美国的一位心理学家曾说，高明的家长会利用自己的智慧把孩子的"小毛病"转化成"闪光点"，并且这些"闪光点"会越来越亮，最后成为永不消灭的"光源"，而有些家长却喜欢采用粗鄙的打骂方式教育孩子，这样的孩子即使有闪光点也只能被无情地磨灭。所以，不要把孩子的"小毛病"当做打骂孩子的理由！

如何帮助孩子戒掉不爱学习的毛病

　　孩子不爱学习让很多家长头痛，可有些孩子明明十分努力，成绩就是上不去，这些又让家长十分费解。实际上，这是同一类的问题，影响孩子学习的原因都是缺乏兴趣。然而，兴趣需要慢慢培养，这是很多家长所不知道或忽略了的，所以在孩子还小的时候家长并没有重视对孩子学习兴趣的培养。最后形成了孩子不爱学习的毛病，而许多孩子时常也因为不爱学习或成绩不好遭到父母的打骂，因此便更加厌恶学习。

　　有兴趣才会喜欢学，学得好。心理学研究认为，兴趣是一种对事物表达喜爱和关切的正面情绪，它可以在心理上使人达到集中注意力并在接受过程中身心愉快的作用。

　　卢梭曾说："问题不在于教他各种学问，而是在于培养他爱好各种学问的兴趣，并在这种兴趣充分增长起来的时候，教他研究学问的方法。"众所周知，兴趣是最好的老师，是一个人求知欲的起点，在兴趣的驱使下从事枯燥的事情也会变得很有动力。那么，孩子也一样，他只有对学习产生了极大的兴趣，才会在不需要他人胁迫的状态下自觉地去求学，并享受整个求学的过程。

　　可是，该怎样培养孩子的兴趣呢？在教育孩子的过程中家长要注意下面几点。

　　第一，保护孩子的好奇心。

　　兴趣不是与生俱来的，它是在不断的积累和实践中发展起来的。培养兴趣要从保护孩子的好奇心开始。

　　居里夫人曾说："好奇心是学者的第一美德，而好奇心又总是兴趣的导因。"所以家长一定要帮助孩子保持一颗好奇心，并妥善地保护好它。因为孩子会在好奇心的驱使下靠近大自然，学习科学文化知识，并在好奇心的催动下参与社会实践，解开自己的疑惑。好奇心是孩子日后学习中的珍贵宝藏，孩子在好奇心带给他们的震撼下感受到学习的乐趣，自然会热爱学习，热爱生活。

一天，居里夫人的一位朋友上门来拜访，受到了居里夫人的热情招待，女儿伊蕾娜在一旁玩积木。

进门后朋友想坐在靠门的一张椅子上，这时，居里夫人从厨房走出来，拦住了那位朋友，并把对方拉到客厅去聊天。

聊天过程中，朋友问居里夫人为什么那张椅子不能坐，居里夫人淡淡地笑了，她说："椅子缺了一条腿，你坐上去会摔跤的。"

朋友很吃惊，早知道居里夫人生活节俭，可没想到已经缺了腿的椅子还在继续使用，顿时心生钦佩。

居里夫人看到朋友这个样子，猜到了原因，继续说道："椅子是刚刚伊蕾娜锯断的。"

朋友很奇怪地反问："那你为什么不阻止呢？"

居里夫人放下杯子说："我为什么要阻止一个孩子的好奇心呢？"朋友一时哑口无言。

孩子的好奇心犹如一条河流的源头，源头枯竭，河流里怎么还会有水呢？

第二，让孩子尝到"甜头"。

想要孩子爱上学习，首先得让孩子尝到学习的甜头，一旦孩子尝到成功的滋味，今后的学习就有了动力。比如在孩子获得老师表扬或是背书背得好时，可以给予他一些奖赏，这样不仅能巩固孩子求知的欲望，还能坚定孩子的自信心，下次做得更好。

第三，鼓励孩子参加各种课外活动，积累丰富的知识。

知识是一张网，这张网上有很多结点，每个点之间都可以相互联系，孩子参与的课外活动越多，那么他这张网也就撒得越广，这样孩子对各门课程就都有了探讨下去的兴趣，并愿意深入地学习。

美国的许多学校都有这样的习惯，他们鼓励家长带着孩子出去参与到社会活动中，这些活动可以在社区或是学校进行，目的就是培养孩子多方面的兴趣。比如在科学小组的学生可以组织模型展览，没有在学校参加兴趣小组的可以在父母帮助下，参与社会捐助或是义务劳动等课外活动。孩子在这些活动中接触到的知识和课本上绝对不一样，却又紧密相关。

进化论的奠基人达尔文也十分注重孩子兴趣的培养，他认为兴趣是启迪孩子智慧的钥匙，所以不管他有多忙，每天晚上都会抽出一个小时给他的孩子们讲故事。

他在一生中给孩子们讲了许多关于乘坐"贝格尔"号船绕行地球的故事，达尔文在里面加入了许多科学知识，甚至还有一部分进化论的内容。达尔文在给孩子讲故事的过程中，让孩子了解了蒸汽机的原理，人类进化的过程还有动力守恒的简单小知识。

他的孩子后来回忆道："每想起爸爸讲过的故事，我都会想如果不是他那样生动地讲解，我怕是不会理解瓦特的蒸汽机了。"

第四，认真回答孩子的每一个问题。

给孩子一个正确的答案可以很大程度上保留孩子对问题的最初兴趣，并在询问反馈中得到学习的满足。如果问题的答案家长不是很清楚，不要轻易尝试敷衍孩子，孩子往往比你想象的聪明，家长可以告诉孩子"我想明白了再和你说"、"这个问题要等我想一想"等。

另外，家长还需要注意有些孩子天生胆怯，他们的求知欲很容易被磨灭，对于这样的孩子，家长应该给他们提供更多的实践机会而不是直接给出答案。如果孩子不愿意，家长可以一同前去，在实践中，孩子对学习的兴趣会因为家长的鼓励而提高，胆子也会慢慢变大。

本节家教智慧

兴趣是帮助孩子戒掉不爱学习这个"毛病"的始发站。孩子的好奇心是易碎的玻璃，一旦破碎便很难还原。因此，既不能对其放任不管，又不能过分扼杀。聪明的家长需要学会怎么杜绝孩子不爱学习的毛病，而培养兴趣则是戒掉不爱学习这个毛病的重要技巧。

如何帮助孩子纠正说谎的毛病

孩子说谎都是从逃避责任开始的，为了逃避父母的打骂、老师的责罚，他们选择了说谎。虽然明知道这种选择是错误的，可是孩子们仍然作出了这样的决定，这是为什么？

孩子说谎的原因很多，学龄前的孩子说谎大多出于无心，他们不能将现实和虚幻分辨清楚，因此难免通过说谎逃避责罚。可是一旦说谎没有被制止，反而变成一种聪明的表现蒙混过关，孩子就会学着有意说谎，并渐渐发展为一种欺骗手段。

那么，家长应该怎样做才能纠正孩子说谎的坏毛病呢？

第一，不要忽视说谎的严重性。

在孩子说谎后，不要过分宽容，一笑带过。请记住这样的微笑就是对说谎的正面鼓励，在收到这样的笑容后只会让孩子更加肆无忌惮地说谎。

孩子在最初学会说谎的时候，一定会紧张，他害怕谎言被识破，但是大多数的孩子还是抱着一种侥幸的心理，希望能平安过关。只要一次过关，他以后的说谎次数就会渐渐变多，直到被家长发现。所以对于孩子的说谎问题，还是要早发现，早处理。

作为孩子最亲近的人，家长应该时刻注意孩子的行为，多与孩子交流。

第二，找出孩子撒谎的原因。

家长发现孩子说谎，如果不问清楚原因就随便一顿棍棒相加，是起不到任何纠正作用的，说谎并不能成为打骂孩子的理由。家长发现孩子说谎后，应该保持一颗平和的心，并找到他说谎的原因。家长可以通过与学校方面沟通，也可以和孩子直接沟通或通过孩子的同学间接沟通，查明原因，切勿在不明原因的情况下妄下定论对孩子进行责罚。

孩子撒谎的情形主要有：儿童因为好奇心而不自觉滋生出的想法；儿童好胜争强，通过谎言达到心理上的自我安慰；小孩模仿大人说谎；为了虚荣心而刻意编造的谎言；为了义气保护自己同伴而编造的谎言；孩子为了逃避说出真话后的棍棒相加，说谎变成了自我保护手段。但不论孩子是出于哪种原因说谎，家长都应该加以制止并善加引导，避免其日后再出现说谎的现象。

第三，对待说谎要恩威并用。

很多孩子说谎的原因都源自家长，本来是花季雨季的年龄却在家长的棍棒教育下委曲求全。孩子犯错很正常，但家长对待孩子犯错的态度却需要慎重。

在日常生活中，家长应该给予孩子多一些鼓励，少一些批评；当孩子说谎时，家长既不能听之任之，但也不能体罚，一切的惩罚都应该以爱护孩子为中心。在纠正孩子的行为时，家长要细心地观察，耐心地指导，这样的教育方式比粗暴地纠正孩子的错误效果更明显。

在教育孩子的时候，可以给孩子讲一些相关的寓言故事，让他从这些有趣的故事中明白，只有做一个诚实的人才能得到大家的喜欢和尊重，而说谎则会失去大家的信任。同时家长还要表示相信孩子这次说谎是无心的，以后一定会做一个优秀诚实的好孩子。在家庭教育中，父母需要在不伤害孩子的前提下，让孩子充分认识到说谎的弊端，纠正孩子说谎的坏毛病。

第四，为孩子培养诚实的品质。

诚实作为一个人良好的品格，大多数形成于儿童时期，这一时期，家长应该让孩子意识到诚实是一个人最大的美德，只有诚实的人才能得到他人的尊重，而说谎，是言行不一的表现，会对个人的人格产生负面影响。

《郁离子》上记载了一个关于失信而丧命的故事：

有一个商人，非常有钱，有钱的商人坐着船过河时，不慎船翻了。商人站在船上大喊救命，他说如果谁能救他他一定给对方一百两金子作为酬谢，最后一个老渔夫把他救上岸。可是，这时候商人又反悔了，只付给老渔夫十两金子，并声称他只是个老渔夫，能得到十两金子已经是一辈子都赚不到的了。

岂知天有不测风云，这次又是在同样的河边，商人再次掉进河里，遇到同一个渔夫，渔夫这次提醒周围的渔民这就是上次那个不守信用的商人，于是，没人再救他。

人在社会中，一定要讲诚信。而习惯说谎的人，会失去他人的信任，因此，作为家长一定要纠正孩子说谎的毛病，培养孩子诚实守信的品质，让他成为一个值得信赖的人。

本节家教智慧

"教育无小事，事事有教育"，不要忽视发生在孩子身上的任何一件小事，它可以帮助孩子改掉身上的坏毛病。说谎也是一样，家长在平时多给与孩子一些关心，发现有说谎的情况，要第一时间帮助孩子"戒谎"。

不要以为给孩子灌输一些关于诚实是种美德的信息就可以纠正孩子说谎的毛病，孩子也会当面一套，背后一套，所以，要纠正孩子说谎的毛病家长更需要以身作则、言行一致。毕竟孩子不是比诺曹，孩子说谎时没有任何明显的标志。

3

帮助孩子克服拖拉的毛病

孩子写作业慢，做事拖拉，让家长很头疼，有些性子急的家长甚至会因为孩子有拖拉的毛病打骂孩子。可是，孩子有拖拉的坏毛病就可以作为家长打骂孩子的理由吗？儿童心理专家指出，面对孩子磨蹭、拖拉的毛病，不要第一时间就指责，而应该通过观察找出孩子拖拉的原因，并帮助孩子克服这一毛病。

一部分孩子可能是先天的"慢性子"，但不是每一个孩子都是"慢性子"，可以说孩子做事拖拉一定有原因。从外部原因来讲，主要有注意力不集中、好动和家人督促等，从内部原因来分析，就是孩子刻意而为、贪玩、心理压力过重等。专家建议，家长在发现孩子有拖拉的习惯时，不要急于打骂孩子，而是要先分清楚孩子拖拉是内因还是外因，再找到相应的办法矫正。家长务必要在孩子的幼年时期就帮助孩子养成不拖拉的好习惯。

纠正孩子拖拉的毛病，可以从以下几个方面来进行：

第一，树立正确的时间观。

改变孩子拖拉毛病的前提就是树立正确的时间观，有很多孩子并不知道时间是什么，或者时间对他们而意味着什么。树立时间观念对于提高孩子的办事效率至关重要，首先，一个有时间观念的人做事情会有计划，在执行中会更有条理，做起事情来也更灵活有效。

孩子的成长是个不断向前的过程，如果在这一过程中，没有形成时间观和世界观，这个时候，家长可以向孩子讲解一些名人珍惜时间的故事，或是在房间张贴珍惜时间的名言警句，这是几种很有效的方法。

第二，培训孩子的注意力。

在平时学习中孩子不论是因为不感兴趣还是因为贪玩而不能集中注意力，家长都需要帮助孩子培养注意力集中的好习惯，只有在专心的状态下做出的选择才能达到最高效率。家长对孩子注意力的培训一定要认真负责，在孩子很专注地完成一件事情后及时给予孩子奖赏，没完成则劝孩子不要气馁。

第三， 鼓励胜于批评。

在教育孩子的过程中要善于运用"皮格马利翁效益"，家长的掌声会给孩子带来极大的鼓舞，在这种"期待效益"下，家长对孩子的期许才会得到满足。夸赞和鼓励可以使孩子感受到家长对他的期许，鼓励的次数越多，孩子就越有可能做成一件事。孩子感受到了父母及外界的正面刺激，自然可以渐渐改掉拖拉这个坏毛病。

那么家长自己该怎么做呢？比如孩子做得比之前稍微快了点，家长可以鼓励孩子，"你做得很棒！""这样很好啊，比以前进步很多了。""你看看现在有多好，多快。""我相信你下次可以更快，加油！"如果孩子能经常受到这些鼓励，以后行动前就会更有意识地做快点，改掉拖拉这个小毛病。

除了语言上的鼓励，家长还可以给予孩子一些物质上的奖励，例如在孩子做得好时，可以给孩子奖励一顿大餐或者是去游乐场玩一次，这样孩子在这些正面评价中就明白了拖拉是不好的习惯。

第四，让孩子体会拖拉的后果。

把学习变成快乐的体验，把拖拉当做痛苦的经历，孩子只有在体会过拖拉带来的后果之后才能明白家长的苦心。现在不少心理学家主张让孩子品尝拖拉为自己带来的损失，让孩子在遭遇在损失中学习成长。

这要怎么理解？比如说大多数孩子都有的坏毛病——赖床，孩子可以千方百计只为了在被窝里多待几分钟。可是这时候家长们会不停地催促：

"快起床，上课要迟到了。"在这种情况下，不妨试着少走些弯路。家长可以由着孩子去睡，这次上课迟到了，孩子一定要被老师批评，所以孩子下次就会长了记性，自己会准时起床，不需要家长的催促。

本 节 家 教 智 慧

孩子拖拉不仅是自控力和学习力不足的表现，更是受到孩子自身行为和家长影响的体现，要让孩子在短期内戒掉拖拉的毛病可能性比较小，家长应在理性分析拖拉的病因之后长期、耐心地指导孩子戒掉不良行为，使得孩子拖拉的现象在家长的努力下逐步减少，直到消失。

4

如何帮助孩子克服浮躁的毛病

孩子做事毛毛躁躁，上课不能静下心来听课，做作业字迹潦草，常把题目看错，复习功课三心二意，书才看了一半就放下了。家长经常为孩子的这些问题烦恼，其实这些都是孩子心态浮躁的表现。心态浮躁的孩子做事不认真，火急火燎，静不下心来，经常动来动去。其表现可以用"差不多"来概括：上课"差不多"听懂，下课"差不多"完成，做题"差不多"对了，复习"差不多"看懂。然而，表面的"差不多"实质上"差很多"！

而影响孩子心态浮躁的因素很多。

首先，家庭和环境。

家庭是孩子的第一所学校，父母的行为对孩子的身心发展有着深远的影响。如果家长做事草率、心态浮躁、急功近利，那么长期生活于这种家庭环境下的孩子，也会变得很浮躁；如果孩子生活的周围环境很吵闹，不干净，也会影响孩子的心态，变得浮躁。

其次，教育。

在当前的应试教育体制下，无论是家庭教育还是学校教育，都不注重孩子心理品质、意志品质的培养，只看重分数，这就使得很多孩子学习怕苦怕累，做事毛躁，没有恒心、毅力，不懂得踏实苦干。加上家长对孩子的溺爱，甚至毫无原则地迁就孩子，更使得孩子形成浮躁、任性的心态与性格。

再次，学习习惯。

在现代的家庭结构中，孩子大多是独生子，家长对这些孩子也是溺爱有加，生怕孩子吃苦，孩子不喜欢做的事，父母也不坚持。于是，在这种溺爱下便忽视了对孩子的良好习惯的培养，没有严格的作息时间，对孩子的学习与生活缺乏监督与规范，只重视作业的结果和数量，长此以往，孩子就形成了只求速度不求质量、思想肤浅的习惯，难以静下心来，浮躁不堪。

最后，气质类型。

气质是天生的，胆汁质的人神经活动不灵活、不平衡，容易浮躁、冲动。

浮躁是很多孩子的通病，不利于孩子学习文化知识以及养成良好的习惯，以致影响以后的生活，那么怎么才能帮助孩子克服浮躁的毛病呢？以下的几个方法可供家长参考。

第一，家长调整好心态。

对于孩子浮躁的心理，家长要调整好自己的心态，给孩子做一个榜样。家长在教育孩子时要保持平静的心态，不要事事急于求成。这样，在家长的亲身教导下，才能引导孩子树立起耐心和恒心。

有些孩子英语学得不好，家长会要求他们一天默写、背诵多少多少章节，可是家长不妨试着换个角度，如果要求孩子一天背诵3个单词，那么一个月下来就是90个，效果往往比之前急于求成的方法要好的多。可见，要帮助孩子克服浮躁的毛病首先就需要家长改变教育方法。

第二，进行戒除浮躁的训练。

家长可以根据孩子的情况进行阶段性的训练，让孩子在训练中学会冷静思考，家长也可以给予孩子一些小的心理暗示，例如"不能急躁，急躁会把事情办坏"、"要懂得调整自己的心情，收放自如"等，在这样的心理暗示下，训练孩子的耐力和韧性，使其慢慢戒掉浮躁的毛病。

第三，引导孩子做计划。

孩子浮躁一般是因为没有计划，想做很多事情，却不知道从何处下手。而做好合理的规划则能有效地戒除孩子身上浮躁的毛病。所以家长可以引导孩子为自己的目标定下详细的计划，要求孩子按照自己的计划做

事。此外，还应该告诉孩子做事情一定要先树立目标并且有始有终，在孩子每次行动之前，要让孩子养成思考的习惯，例如："我要去哪里"，"我要怎么去"，"路上会遇到哪些车"，"还需要准备什么"，等。通过引导孩子做计划，让孩子养成良好的生活习惯，改掉浮躁的毛病。

第四，磨练孩子的意志品质。

在课余时间安排一些磨练意志品质的活动，比如练书法、学绘画、下棋等，通过这些有针对性的活动来培养孩子的耐心、毅力和韧性，因为浮躁的孩子最缺乏的就是耐心、毅力与韧性。而且，家长要让孩子懂得，生活中的许多事情是需要耐心、毅力与韧性的。

第五，引导孩子树立远大的理想。

在理想的引导下，孩子才会耐心地等待，才会努力为理想而奋斗。引导孩子树立远大的理想有利于孩子改掉浮躁的毛病。

在这些步骤的影响下，孩子将渐渐学会如何脚踏实地，一步一个脚印地向前走，从而改掉浮躁的毛病。

孩子浮躁的毛病不是家长打骂孩子的理由，家长应该意识到孩子浮躁和家长的教育有很大的关系。一般来说，家长性格急躁，孩子的性格也会急躁；家长对孩子的要求过高、过于严厉，对孩子生活、学习过多的干涉与担心，都会影响孩子的心态，容易诱发孩子的浮躁的心态；而且孩子是天生的模仿家，家长的行为会在无形中被孩子模仿。所以，面对孩子浮躁的小毛病，家长不能打骂孩子，而是要多反思，努力寻找原因，并以身作则，为孩子树立榜样，耐心帮助孩子改掉浮躁的毛病。

本节家教智慧

"非淡泊无以明志，非宁静无以致远。"帮助孩子克服浮躁的小毛病对孩子以后的成长具有非常大的作用。睿智的家长在观察孩子之余，更需要严于律己，因为家长对孩子的影响是最大的。如果家长有恒心、有毅力，在其影响下孩子也会有恒心、有毅力。

第十一章

孩子上网成瘾，不能成为你打骂孩子的理由
——教你的孩子抵制住诱惑

　　面对上网成瘾的孩子，家长常常不知如何是好，急了甚至动用暴力来让孩子回头。然而，上网成瘾的孩子，由于长期的多种原因形成了孤僻极端的性格，对父母的好言相劝置之不理，并产生厌倦情绪，最终深陷诱惑泥沼。而防范孩子上网成瘾却需要父母与孩子共同来完成，父母要为孩子创造健康的上网环境，监督孩子上网的时间与内容，最重要的是教会孩子自主地抵制诱惑，教会孩子分辨出健康向上的内容，教会孩子合理正确地运用网络进行交友与学习。在现实社会中，每个人都会受到各方面的诱惑，在网络这一方面，教会孩子抵制住网络的诱惑，选择积极向上与健康的上网方式，也有助于教会孩子在其他方面分辨事实，并能抵制住其他的不良诱惑，进一步促进孩子的健康成长。

1

面对"网络少年"，
父母要多爱、多关心，少恨、少责骂

当孩子步入青春期后，很容易产生各种不良情绪。这时，如果父母不适当的引导，这些情绪很可能会以一种极端的方式被发泄出来。学习的压力、老师和父母的不理解、同学的漠不关心等等，都迫使着一些孩子渴望逃离现实，在虚拟的世界宣泄自己的不满情绪，从而得到一定的心理安慰。这时，网络在他们心目中便成为最佳的避难所。

面对孩子的这种情况，家长们大多也习惯于采取同样极端的方式来解决。生活中人们常常能够看到类似"孩子上网成瘾，家长'过火'绑子游街"这样极端的新闻案例，也时常能够看到"狠心"将孩子送到网瘾戒除学校的例子。这些报道和例子无一不说明在孩子陷入网瘾之后，父母找不到正确的处理方法，而是一味地深信强制力的作用，忽视了理解、关心和爱的力量。

教育工作者李华周经过多年调研分析认为，孩子上网成瘾，很大程度上是由于家庭环境的压抑所致。相比学校的影响而言，家庭对孩子的影响更为深刻。据跟踪调查发现，父母的教育对孩子的成长往往起着决定性的作用。父母与孩子的交流程度如何，在孩子面前塑造的形象如何，是否真正去观察和了解了孩子，是否为孩子提供了足够多的心理辅导，等等，对孩子的成长都至关重要。父母只有做好这些，才可以更好地预防孩子在青春期产生的各种心理问题。所以专家认为，当孩子陷入网瘾后，父母们首先要对自己的言行进行反思，因为很有可能是因为父母在家庭教育方面没有做好功课，才导致孩子误入歧途的。也因此，当孩子陷入网瘾后，父母们应该给予孩子更多的爱和关心，而不是恨和责骂，乃至暴力，这样才能真正根治孩子的网瘾，让他们感受现实世界的温暖。况且，对孩子进行打骂的结果，只可能是让孩子越来越叛逆或越来越懦弱。

2013年2月，在四川省资阳市发生了一起投毒案，老王一家五口人就有四口中毒，其中老王夫妇中毒较深，一度休克，幸好抢救及时才得以保住性命。而令人意想不到的是，这起投毒案的元凶竟然是老王的小儿子——小龙。小龙今年才十四岁，父母对办案人员说小龙是个温顺乖巧的孩子。然而警察调查得知，小龙读完初一之后就辍学在家，性格比较叛逆，多次与人打架斗殴。而此次投毒事件，也是他蓄谋已久的，他的目的竟然是弄死自己的家人，这样就没人管他了。原来，小龙辍学在家之后，迷恋上了网络，经常到网吧打游戏，也因没钱上网，多次偷家里的钱。为了不让小龙再进网吧，父母给他买了一台电脑，希望他安心呆在家里，但父母同时又说："如果再不听话，敢去上网，就挑断你的手筋脚筋。"正是这句话，将小龙逼向了投毒之路。

当然，这件事情绝对不是因为一次恐吓造成的。这背后反映的是家长在教育孩子时采用了错误的方法，老王夫妇在溺爱的基础上又试图以言语进行恐吓，从一个极端走到另一个极端，使年仅十四岁心智尚未成熟的小龙在心理上产生了极大的不安和矛盾。他将父母的恐吓信以为真。这本身也说明了父母与子女之间的交流和理解十分欠缺，在平时的生活中，父母并没有正确地与儿子进行沟通。

这种责骂和威胁对于"网络少年"来说，不啻一记重磅炸药，瞬间就能将孩子的心理防线炸碎，随之而来的就是各种各样的悲剧，受害的除了孩子之外，也可能殃及孩子身边的亲朋好友和老师同学。家长对孩子的不了解就意味着，今后会有更多不可预知的事情，这些事情将超出父母的思考范围，也将超出父母的可承受范围。因此，减少对孩子的恨和责骂，多些对孩子的爱和关心，才是应对"网络少年"时该有的态度。当然，这种爱和关心必须结合一定的方式方法表达出来，通过一定的行动展示自己作为父母的智慧。所以专家建议广大父母们应该做到：

（1）像朋友一样去欣赏孩子，鼓励孩子。

处于青春期的孩子，知识、经验等都得到了极快的提升，他们强烈希望自己能得到肯定。自我意识在这个时期发展到了极为强烈的地步，但同时也很不稳定，如果得不到鼓励和肯定，他们就有可能对现实产生悲观、否定的情绪，进而发展为到虚拟世界去寻找刺激和快感的切实行动。所以，父母要充分正视孩子在现实中渴望得到肯定的心理需求，多与孩子沟通，多鼓励孩子。不言自明的是，这一切都必须建立在父母对孩子理解的基础之上。理解，是父母帮助孩子拒绝网瘾，抵制诱惑的基石。而真正的理解，是父母抛开中国传统的家长观念，真正"放下身段"，与孩子面对面、心贴心地进行交流，真正了解孩子的想法。随后对孩子的想法作出正确和及时的判断，分析孩子的想法是否存在某些问题，确定孩子思维发展的方向，在此基础上，为他们提供正确的建议，并鼓励他们去追求自己喜欢的事物。

（2）知己知彼，百战不殆。

父母们应该积极主动地去了解互联网，研究它为什么具有如此大的魔力，能够使青少年沉迷其中而不能自拔。只有了解了互联网，才能充分正视它的优点，同时知晓它的危害。不可否认的是，互联网能够让一些孩子堕落，但它同时也让一些孩子变得更加优秀。因此这就要求父母们要明白网络的利弊，在防止孩子沉迷网络的同时，充分利用网络资源，不要因噎废食。同时，这样做，还能降低孩子对网络的好奇心，防止孩子们对网络过度依赖。

（3）培养孩子良好的上网习惯。

要做到这一点首先必须让孩子固定上网时间，保持正常和有规律的生活。同时，父母可以与孩子一起上网，引导孩子浏览健康的、对学习和培养爱好有益的网站，适当玩一些放松心情、益智的游戏。同时，帮助孩子抵制网络不良信息的诱惑，使色情、暴力等远离孩子。

（4）宜疏不宜堵。

假设孩子已经迷恋上了网络，这时，父母要帮助孩子戒除网瘾绝不能"堵"，而应该顺着孩子的兴趣，采用疏导的方式，主动引导孩子了解网络，引导孩子正确利用网络。所谓"疏"，也就是把孩子的注意力和兴趣转移到网络之外的现实世界里，培养孩子的兴趣爱好。

如此，孩子就能很好地利用网络，而父母也能安心地让孩子独立生活和学习，减少了对孩子的顾虑和担忧。但要明白的是，孩子迷恋网络，父母不要一味地去找外部的原因，而应该多分析自己与孩子的关系，多花时间去了解孩子。

本节家教智慧

为了让孩子戒除网瘾，打骂只不过是懒惰、愚蠢、暴躁的家长的病急乱投医。他们无计可施，因此只有通过打骂来宣泄自己懊恼、痛苦的情绪，本质上与孩子迷恋网络一样，是逃离现实的表现。

真正智慧的家长，在面对这些问题的时候，第一念头绝不会是打骂孩子，而是与孩子沟通，并站在孩子的角度认真思考问题产生的原因，寻求一个能真正解决问题的方法。面对"网络少年"，唯有多爱，多关心，才能让孩子理解现实的美好，并感受到父母的伟大。

2

防止你的孩子上网成瘾，
就先为他开创一个洁净的网络空间

美国《凤凰报》曾报道称，在中国内地，8名迷恋网络游戏的少年，聚在网吧于虚拟世界中杀得昏天暗地。然而，当他们出了网吧之后却意犹未尽，转而将攻击的对象指向了一名只有14岁的少年，对其拳脚相加，肆意蹂躏，最终这8名少年"快意而去"，而那名无辜的少年却因为伤势过重，不治身亡。

可以说，这样的事情在现今不时的发生。鲁迅先生曾针对吃人的封建礼教大声疾呼"救救孩子"，而如今，面对复杂的网络，父母们或许也有必要再次喊出"救救孩子"。随着网络时代的到来，信息量呈现爆炸式的增长，在这庞杂的信息库面前，成年人尚且不能做到去除糟粕取其精华进而独善其身。对于未经世事，生理和智力都还未发育完全的未成年人来说，区别好坏、明辨是非，更是难于登天。因此，在网络上遨游的孩子就极易受到侵害，被一些"不洁"的东西吸引，并逐步沉迷。所以，父母应想方设法为孩子开创一个洁净的网络空间，让他们能在其间无忧无虑地驰骋，而不是在孩子上网成瘾后才亡羊补牢，打骂孩子。

对网络环境的净化是一项非常重大且繁复的工程，除了法律的健全、政府的管制、技术上的限制等，与孩子关系最为亲近的父母们能做的也非常多，而且更加重要。因为父母能从源头上防止孩子在上网过程中受到不良信息的侵扰，帮助孩子养成良好的上网习惯，让他们今后独自上网时仍然能自制，主动远离不良信息。

既然父母在净化网络空间的过程中发挥着如此巨大的作用，那父母具体应该做些什么呢？在我国，一些省市已经出现了呼吁净化网络空间的家长联盟，通过这个联盟他们向社会发出声音，呼吁社会各个层面抵制网络色情和暴力，抵制黑网吧等等，为孩子的健康成长尽了自己最大的努力。他们的这种公共行为在社会上引起了广泛的影响，对网络环境的净化也起着非常大的作用。但与此同时，社会问题专家也提醒我们，这种公共行为毕竟不能成为常态，它只能在问题严重时起着引起社会各界重视的作用，而要真正使孩子避免网络的毒害，还应该从日常的生活中做起。专家建议家长在日常生活中，应该注意以下几点：

（1）尽量避免孩子到网吧上网，有条件的家庭可以让孩子在家上网。

如条件不允许，上网须得去网吧的，家长可以随同孩子一同到网吧，防止孩子在恶劣的上网环境中被坏的习惯所影响。并且，网吧很容易发生打架斗殴等事件，威胁着孩子的安全。另外，对于家里的电脑，应该安装绿色软件，将不良网站和信息屏蔽。还可以对电脑进行设置，掌握孩子的上网记录，查看孩子是否浏览过不良网站，如果有，要恰当地向其指出，引导其主动回避这些网站。

（2）严格控制孩子的上网时间。

还未成年的中小学生，自制力比较薄弱，在面对新鲜事物时难免好奇并很容易沉溺其中。因此父母应严格要求孩子将上网时间控制在一定范围之内，培养孩子的自控能力。为了使孩子能真正控制上网时间，父母可以与孩子达成关于上网的奖惩约定，若是超出上网时间孩子将受到惩罚，而严格控制上网时间则会受到奖励。通过这样的方法给孩子提出明确的信号，那就是，上网时间太长不是好事，是要受到惩罚的。这就在潜移默化之中，将孩子的上网观念引导到了一个正确的方向。此外，还可以通过帮助孩子制定合理的生活和学习计划来丰富充实孩子的课余时间，使孩子自然而然地远离网络，在学习和生活中找到更多的乐趣。这种计划的制定可以包括学习、体育活动、文娱活动、上网等的时间分配，学习目标的预设，特长的培养等多个方面，尽量增强计划的可行性和持续性。

（3）使上网成为一种学习方式。

网络是一个强大的学习工具，它有着无比庞大的信息容量，几乎囊括了我们需要的所有的知识。因此教会孩子合理利用网络，对孩子现在和今后的学习都将大有裨益。当然，要孩子学会正确使用网络，父母自身也得学习正确使用网络的方法，否则会在教授孩子的时候方法用错，适得其反。父母还可以鼓励孩子在网络上建立自己的博客，发表自己的看法，或是描写自己的见闻。这样一方面有利于孩子提高作文能力，另一方面也是孩子释放内心压力的一种方式，让孩子感受到一种充分的自我表达的自由。

（4）提醒孩子注意网络安全。

网络的复杂程度是未成年的孩子们难以想象的，在网络中，他们的天真无邪可能会被别有用心的人所利用。因此，向孩子传授一些上网的安全常识，规避上网风险，非常有必要。首先要教会孩子保护个人隐私，不要轻易泄露自己的身份信息，比如家庭住址、电话号码、父母姓名等。另外，提醒孩子在网上交友时一定要慎重，不向对方提供自己的照片，不与网友见面，将网上交友的程度控制在一定的范围之内。

这些措施如果能得到很好的实行，孩子上网成瘾的几率将会大大降低。父母就是帮助孩子战胜网络邪恶力量的一块坚实的盾牌，将孩子保护得完好无损，而这种保护的力量，就来源于父母为孩子开创的洁净的网络空间。

当然，除了这些在家庭内部采取的措施之外，父母为孩子开创洁净的网络空间要做的还有很多。

首先，父母应多实地查看网吧的环境。

由于条件的限制或者临时的需要，孩子到网吧上网很难避免。因此，父母就有必要亲自到网吧进行体验，查看网吧的上网环境，通过比较，可以为孩子提供选择网吧的合理建议。

其次，父母应主动联合其他父母，组成互相学习的小组。

他山之石可以攻玉，不同父母教育子女的方法自然也各不相同，如果父母们组成小组，互相交流帮助孩子远离网络的经验心得，将大大有助于每位父母获得更好、更有效、更全面的帮助孩子远离网瘾的方法。同时，不同家庭之间可以建立相互监督、相互提醒的关系，帮助对方家庭留意其孩子是否有沉迷网络的倾向。

再次，父母应与学校建立密切的联系。

学校和家庭是孩子生活的两个最主要的场所，建立家长与学校的联系，将有利于家长了解孩子在家庭以外的活动状态，全面掌握孩子在学校的学习和生活动态。老师和家长同样希望孩子能健康成长、专注学习、远离危害孩子身心的事物。正因如此，父母与老师之间的合作就有着良好的意愿基础，双方都愿意尽最大努力帮助孩子，孩子也能处在一种良好的外部环境保护下，而网络的诱惑作用也会在这样的环境下减小到最低。

本 节 家 教 智 慧

环境对孩子的影响极大，我们在关心孩子本身的时候，也应该多多注意孩子周边的环境。网络是一个虚拟的空间，当孩子进入这个空间之后，他也变成了这个空间的一份子，而网络环境就是他所身处的环境。在这种环境里孩子还不能独立自主，因此父母就有责任帮助孩子在这种环境下健康地成长。

为了防止孩子被这种环境里的不良因素所侵蚀，父母必须为孩子开创一片干净纯洁的空间，让孩子在其间不受到任何伤害，抵制一切诱惑。这种洁净空间的开创需要父母从孩子的身边做起，然后扩展到孩子的整个生活和学习，因为网络空间的洁净不仅需要在网络本身上下功夫，还需要在现实世界中观察网络对孩子的影响，这也是很多专家提醒广大父母们要注意的。

3

教你的孩子抵制住诱惑，远离网游同伴

所谓"近墨者黑，近朱者赤"，孩子身边的朋友在很大程度上影响着孩子的行为和思想。据腾讯网的不完全统计，我国有将近四分之一的"网瘾少年"都是在同伴的影响下接触网络的。他们受到身边同伴的影响，认为网络游戏非常刺激，在网络游戏里，人们可以快意恩仇，可以行侠仗义，这充分契合了孩子们的心理期望，使孩子获得了在现实世界中难以获得的快感。

很多沉迷于网络的孩子，并不是自身主动去寻求这种快感。而是受到身边一些沉迷于网络的同伴影响，被动地去尝试新鲜事物。他们抵制诱惑的能力比较低，在别人的一再刺激下很难做到无动于衷，于是渐渐发展到不能自拔，从原来的乖孩子变成了"网瘾少年"。这种变化无疑会给父母带来极大的心理落差，原本在别人面前可以夸耀的孩子，现在却羞于向人提起，怎能不刺痛父母的神经呢？但孩子上网成瘾决不能成为家长打骂孩子的理由，要想让孩子戒除网瘾，就得让孩子抵制住诱惑，将问题扼杀在萌芽时期，而不是等问题出现后再打骂孩子。

网络游戏，是诱惑孩子沉迷网络的最主要原因。在网络游戏中，玩家可以享受厮杀带来的快感，也可以沉浸在与其他好友玩家的调侃笑骂之中，他们丝毫不必在意自己的身高、长相、家境等等条件，与任何人都能毫无顾忌地交谈、合作，成为网络上的铁哥们儿。这种在游戏过程中建立起来的人际关系，让心智尚未成熟的孩子们感到兴奋，在他们看来，网络世界就是一个真实的世界，在这个世界里，他们有自己的家、武器、装备和朋友，并且比现实世界更加自由。于是，他们乐得游荡其中，直至虚实不分。

　　网络游戏拥有一种神奇的魔力，当你身边的朋友也同在一个虚拟世界的时候，它会让你有一种英雄聚首共创盛举的豪迈之情，兴奋感更升一个层次。因此，人们经常能看到一群孩子在网吧坐在一起，玩着游戏并同时大声呼喊，表情之夸张，动作之急迫，俨然真正的战场。

　　小梁是武汉市某中学的初中生，上初中之前，他在父母的严格管教下从未接触过电脑，对网络游戏更是毫无了解。但自从进入初中之后，小梁开始住校。这时他发现，同学们聚在一起时谈论最多的就是网络游戏，但他对网络游戏却一无所知，因此在同学们交谈时，他经常有受到冷落的感觉，觉得自己完全是个异类，是个局外人。久而久之，他开始变得很孤立，朋友也非常少。

　　后来，他认为自己不能融入到同学中，完全是因为自己不懂网络游戏。于是，他开始自己一个人偷偷地跑到网吧，在电脑上找同学们经常提到的游戏，然后学着玩。渐渐地，随着游戏等级的提升，小梁与同学之间的话题也越来越多了，与他们之间的距离也因此开始缩短，小梁觉得非常开心。不过在小梁获得了同学们青睐的同时，对网络游戏的沉迷度也与日俱增，他经常通宵泡在网吧。也因为花在网络游戏上的钱过多，父母给的生活费完全不够用，因此他经常向同学借钱。最后，当小梁的父母从老师那里得知他的情况时，小梁的网瘾已经很重了。

　　据心理专家介绍，很多孩子当初玩网络游戏并不是因为好玩，而是不希望在同学中受到冷落和嘲笑，是为了能交到更多的朋友。而这种想法正在使更多的孩子走上歧途。对于这一问题，心理学家建议，父母不能一味地阻止孩子玩游戏，应该理性地看待，因为孩子渴望得到同伴认可的心理需求远远超过成年人。父母要做到的是，让孩子不迷恋网络游戏并且严格控制孩子玩电脑游戏的时间。通过这样的引导，孩子对游戏也就没有了那么强烈的好奇感，同时也不会在其他同学谈论游戏时毫无发言权，既做到了预防孩子沉迷网络，又使孩子拓宽了交友范围，对孩子的发展利大于弊。

　　另一方面，父母必须认识到，有必要让孩子远离那些沉迷于网络游戏的同学。广交朋友是好事，但必须警惕交友不慎。同学之间谈论游戏从某

种程度上来说是一种课外活动，有助于增进同学之间的感情，但这种交谈也存在潜在的引诱作用，很容易使原本不玩游戏的同学陷入其中。因此，父母理智的做法是，劝导孩子远离那些"中毒"已深的同学，多方面向孩子展示沉迷网络游戏的危害，使孩子在意识里自觉产生对网络游戏的抵制情绪。这样，即使是面对某些同学的刻意引诱，孩子也能岿然不动。

若孩子已经深陷网络游戏，那么劝孩子离开网络和现实中的"同伴"则是一个帮助孩子戒除网瘾的重要途径。迷恋网络游戏的孩子，其实在很大程度上是依恋与自己一起玩游戏的同伴，他们互相之间有"默契"，还有很多"任务"需要共同去完成，彼此割舍不下。虽然我们崇尚友情，但这种情谊似乎与真正的友情有出入，因为把他们联系在一起的只是去追求一种消极的东西，对各自的成长没有帮助，反而有一种互相陷害的嫌疑。所以，父母要帮助孩子果断地远离那些"同伴"。帮助孩子认识到纯粹的游戏依恋不是真正的友情，真正的友情是互帮互助，真诚地为彼此着想。

总之，面对孩子上网成瘾，成为网络少年，父母除了要多爱、多关心孩子，建立良好的网络环境以外，还应教孩子抵制住诱惑，远离网游同伴。因此，专家告诫家长应该这样做：

（1）引导孩子抵制住诱惑。

父母应适当告诉孩子网络里的陷阱，晓以利害，让孩子形成抵制网络危害的意识，培养自制力。强大的自制力，能让孩子抵制网络的不良诱惑，避免网络成瘾的现象，因此，这一步至关重要。

（2）教会孩子远离网游同伴。

如果，孩子网游成瘾很难自拔，我们可以从中推断很多孩子和网游同伴之间应该已经形成了一定的默契产生了感情，让孩子与网游同伴分开，则能够在一定程度上减弱孩子的网瘾，然而想要快速要求孩子远离网游同伴，这一项工作稍显艰难。但只要让孩子明白以网游成瘾为基础形成的友情不是真正意义上的"友情"，对双方都会造成恶劣影响，那么孩子就会慢慢体会到网游的负面效果，加上父母的正面引导，孩子就将会主动发现网游成瘾的严重性，从而回头改过，自动远离网游同伴。

（3）教会孩子正确的交友方式。

大多数孩子玩网络游戏是为了结交朋友，得到虚拟世界朋友对自己的赏识，或是为了和虚拟世界里的朋友一较高下，得到他人对自己的肯定。不过，这一切都发生在虚拟世界里，没有实际意义，父母应该引导孩子在真实的社会里与他人交流，与正直的人结交朋友。与良好的朋友结交，能够影响孩子的行为习惯，同时也能够学会合理利用网络。

孩子在网络世界寻求快感、寻求肯定，往往反映出现实社会中孩子得不到父母、同伴、老师的认可与关心。因此，孩子网络成瘾并不完全是由他个人造成的，对孩子的教育应该从家长、同伴、老师等各个方面着手，从而教会孩子抵制住诱惑，远离不良的网游同伴，学习良好的交友方式。

本节家教智慧

家长应以和平的方式来处理孩子上网成瘾的问题。教会孩子抵制住诱惑，远离网游同伴，能在一定程度上训练孩子的抗诱惑的能力，切断孩子与其他网络少年的联系，从而恢复正常的交友活动，这是对孩子负责任的监督与教育。

父母千万不要在孩子面前玩游戏

　　网络是把双刃剑。一旦孩子没有合理利用网络来学习与交际，便极易走向上网成瘾的道路。因此作为家长，一定要有防范意识，帮助孩子抵制住网络的诱惑。有时，家长认为只要为孩子营造了良好的上网环境，就可以杜绝孩子上网成瘾的坏习惯。其实不然，杜绝孩子上网成瘾还需要家长以身作则，即家长不能沉迷于网络。如果家长没有以身作则，就算为孩子营造了良好的环境，孩子的上网习惯也极易被外界因素所影响而发生改变。

　　因此，家长一定要发挥榜样的作用，以身作则，千万不要自己沉迷于网络，更不要在孩子面前玩游戏。

　　程程是个初三学生，可是就在这样的关键时期他却迷上了网络游戏，因为在网络游戏里，他可以进行角色扮演，他常常把游戏里的角色幻想成真正的自己，在游戏中他能获得极大的满足感。正因为沉迷于网络游戏，程程的学习成绩也因此迅速下滑。为此，他妈妈只好强行限制程程的上网时间，但限制与压抑更加激起了程程的游戏欲望。马上要中考了，父母很担心程程考不上一个好的高中，情急之下也用过打骂的方式来管教他，可是程程不但没有戒掉网瘾，反而变本加厉。谈及程程网瘾形成的原因，程程爸爸非常懊悔，在程程小学的时候，程程爸爸由于生意失败就开始了沉迷于网络游戏的颓废生活，一玩就是一整天。小时候，程程特别渴望父母的关心，希望自己放学以后父母可以温和地询问自己在校的表现，这样程程就可以告诉父母"今天老师夸我了"，和父母分享喜悦的心情。可是，程程每天看到的都是爸爸端坐在电脑前沉迷于游戏厮杀的忘我的样子。爸爸有时还给程程零花钱让他自己去买零食吃，条件是不要打扰自己玩游戏。程程妈也曾劝说过他爸好几次，可程程爸爸根本听不进去，程程爸爸现在想来也是后悔莫及，他没想到自己的行为会对程程造成这么大影响。

程程从小就被爸爸游戏时的忘我样子所感染，在他第一次模仿爸爸的样子学会网络游戏的玩法后，每天，脑子里想的几乎都是怎么厮杀，怎么升级的问题。而这对他在文化课方面的兴趣形成了强烈的冲击，导致他学习成绩急速下滑。如今要中考了，父母只能干着急，完全没有办法让他把心思放回到学习上。

其实，试想一下，如果程程爸爸在生意失败后，能够积极面对艰难处境，而不是利用网络游戏来麻痹自己，对程程多给予一份关爱，而不是在幼小的程程面前忘我地玩游戏，那么程程也就能够真切地体会到父母的关爱，体会到自己的存在感。更何况父母是孩子的榜样，孩子会对父母的行为进行模仿学习。

因此从根源上来说，是程程爸爸忘我游戏的行为在无形中影响了程程的意识形态，是他在程程沉迷网络的歧途中，充当了重要的角色。

在教育孩子的过程中，父母千万不可忽视自己的地位与作用。父母作为家庭教育的主导者，需要明确自身的地位，更要重视自身榜样的作用，时刻注意自己在孩子面前的行为。因此，在教育孩子的过程中，面对日益普及的网络，家长一定要注意以下几方面：

一方面，家长不可在孩子面前玩网络游戏。家长即使平时爱好网络游戏在孩子面前也千万不能表现出来。针对网络游戏这一爱好，父母应做出合理的调整，在孩子的成长过程中可以适时放弃或者闭门玩游戏，但一定要防止自己先沉迷于网络游戏。孩子对新事物的学习能力是家长无法估量的，同时孩子还不能完全分辨大人行为的好坏，因此，一旦家长沉迷于玩网络游戏的行为表现在孩子面前，孩子也极易对父母的这一行为进行模仿。

另一方面，家长要在孩子面前明确表现出对网络的正确态度，以此引导孩子正视网络，选择积极的方式使用网络。在孩子面前，家长可以耐心地教孩子如何利用网络这一媒介来学习学科知识、了解自然科学、启发孩

子的思维能力，教会孩子独立、科学地使用网络。孩子对网络有很大的好奇心，但网络上的内容纷繁复杂，未成年人由于自控能力差，很容易沉溺于网络的各种环境，这就要求家长根据孩子的具体情况为孩子选择合适的网络内容，做出合理的上网时间安排。

小欢的父母平时在孩子面前都是利用网络来查询科学知识，观看历史文化影片，以此来激发小欢对科学知识的兴趣。小欢学习上网时，父母也给小欢制定了使用电脑网络目标表格，针对孩子要查询的内容加以指导，并在小欢难以选择有效信息时从旁协助。使用网络时完成了一项查询任务就在项目表上打一个勾，防止小欢遗忘所要查询的内容或者重复查询。当小欢能够自主准确地选择有效的信息，排斥无效有害的信息时，父母就放心地让孩子自己利用网络进行学习了。而且小欢在表现良好的时候，父母也时常对她进行夸奖和奖励。

面对孩子沉迷网络的问题，父母应该与孩子多沟通，帮孩子树立正确使用网络的观念，父母应在孩子面前尽可能多做有利于孩子成长的事。

想要让孩子在自由、真实的世界里感受到社会与他人的关心，而不是沉迷于网络中寻找虚幻的快感和慰藉，家长切不可在孩子面前玩网络游戏，父母沉迷网络游戏将为孩子树立一个学习的负面典型。孩子模仿家长的行为，通常是因为孩子有限的自我认知水平无法分辨出家长行为的好坏。因此在教育孩子抵制住诱惑时，家长自己也要坚定地抵制住网络游戏的诱惑，减少对孩子的负面影响。当然也可以尝试与孩子互动，了解和开发孩子的兴趣，与孩子多进行亲子沟通与游戏，增添生活的趣味性。家长只有以身作则地教育孩子，才能让孩子更容易接受正确的价值观念，学会抵制诱惑。

本 节 家 教 智 慧

没有家长长期的监督与以身作则，即使做好了网络环境的改造，这一网络教育工作也难以展开。因此，家长不能忽视自身的榜样作用，一定要坚持以身作则，这样孩子才会向父母学习正确使用网络的方式，抵制网络游戏的诱惑。

第十二章

孩子爱顶嘴，不能成为你打骂孩子的理由
——顶嘴是孩子"青春期"的叛逆反应

相信很多家长都遇到过这种情况，原本乖巧的孩子，突然有一天不听话了，会顶嘴了，这让很多家长都接受不了，并为此对孩子大打出手。可是孩子顶嘴并不能成你打骂孩子的理由。心理学研究表明，孩子顶嘴其实是孩子自我意识的发展，说明孩子快长大了。

人的一生中会有两个叛逆期，第一个叛逆期是在4~7岁。第二个叛逆期就是青春期。青春期的孩子让很多家长觉得头疼。因为青春期的孩子开始不听话，开始爱顶嘴，开始出现各种问题。难道青春期真的那么恐怖吗？其实不然，进入青春期，青少年的自我意识再一次暴涨，加上生理的发育，使青春期具有了一些独有的特点。家长只要了解了青春期孩子的特点，掌握一定的教育方法，就会发现青春期其实是个很有意思、很值得怀念的时期。

孩子只是希望得到认可，由于青春期来得突然，孩子非常渴望得到长辈的帮助。之所以会有顶嘴现象，是因为家长不了解青春期的孩子。所以说孩子顶嘴不能成为家长打骂孩子的理由，家长应该尽量了解青春期的孩子，努力帮助孩子度过青春期。

1

孩子顶嘴，是自我意识发展的现象

"不要你管！""不做！"像这种顶嘴现象相信许多父母都遇到过，并为此感到困惑："原来的乖孩子怎么变这样了？以前可不这样啊，让他做什么就做什么，现在什么事情都和我对着干。"

这种顶嘴现象很正常，是每个孩子在成长过程中的正常表现，是孩子自我意识发展的一种体现。儿童心理学研究认为，孩子的自我意识发展的第一个飞跃期是在 1-3 岁，当孩子进入幼儿期后，随着思维结构的发展、言语机能的发育，幼儿的自我意识得到迅猛的发展，这时候孩子不再什么事都听父母安排，他已经具有了自主意识，因此会出现反叛、顶嘴等现象。

而对于孩子的顶嘴现象，家长不能用权威和打骂来压制，应去了解孩子顶嘴的深层原因。一般来说，孩子顶嘴有以下几种原因：

（1）证明自己已经长大。

军军妈最近感到非常郁闷，7 岁的军军总是和自己顶嘴，还老学大人做事。起初，军军妈觉得挺好玩，心里还想，孩子长大了。可是慢慢地发现，军军总是在帮倒忙，更可气的是别人的坏习惯他也学，纠正他的错误时他还顶嘴。一天吃完饭，军军居然拿着他爸爸的烟叼在嘴里准备点着，妈妈让他放下，他就是不听，还说："我就要抽烟，爸爸能抽烟我为什么不能？我也是大人了！"军军妈不明白孩子怎么会变成这样了？

其实这是孩子自我意识发展的一种表现，不论孩子是模仿大人的行为，还是不让别人帮自己做事，都是为了突出"我"，想表达的意思就是：我已经长大了，我要像大人那样做事。军军也是这样，他并不知道抽烟不好，但他看到爸爸抽烟，就觉得自己也可以这样做，因为自己也是大人了，而大人都是要这么做的。

这个时候，父母一定要以身作则，为孩子做好榜样。孩子毕竟还小，还不理解什么是"大人"，他做的这些其实都是在模仿父母。

（2）为了引起注意。

"嘭……"

正在看电视的洋洋妈惊恐地循着发声的地方看去，一只杯子掉在了地上，站在杯子旁边的洋洋正微笑地看着自己。洋洋妈顿时怒火冲天，一把将洋洋提了过来，教训了一通，可是洋洋根本不吃那一套，还顶撞她。洋洋妈感到非常不解，为什么洋洋现在经常喜欢摔东西，成了破坏王，原来那么乖的洋洋哪去了？

广西幼儿师范高等专科学校的陈金菊老师表示，当孩子出现这种现象和反抗时，说明孩子感觉到自己被忽略了，孩子这么做是为了引起父母的注意。类似的现象很多，比如无缘无故大哭大闹，做一些怪异的行为，发出怪声等等，这些都有可能是孩子为了引起父母的注意。

面对这种情况，家长应该考虑自己是否忽略了孩子，是否需要多花点时间陪陪孩子，关注孩子。

（3）为了表达自己的意愿。

"小美，你可是越来越不听话了，赶紧把苹果吃了。"美琪妈说道。

"我不吃，我要画画，我的画还没画完。"美琪头都没抬一下，继续画画。

孩子自我意识增强的一个重要表现就是坚持做自己的事情，显得很有主见，而不再受家长的逼迫。对于这种孩子，家长一定要知道孩子心里在想什么，孩子希望做什么。在一些事情上，家长还必须做出一定的让步，在不违背原则的情况下，尽量满足孩子的合理要求，并鼓励、支持孩子做自己的事情，培养孩子的独立意识。但是，对于一些不合理的要求，家长一定要坚持到底，不能有一丝松动，要让孩子明白，不是所有的事情都是

以他们的意愿为转移的。否则，一次的妥协就会让孩子的无理行为得到强化。现在很多孩子的"死缠烂打"现象就是父母强化的结果，因为孩子知道，只要坚持下去，父母就会满足自己。这是一种很不好的现象，身为父母的一定要了解。

本节家教智慧

　　孩子顶嘴是一种正常现象，家长没必要为之烦恼，顶嘴未必是件坏事，这说明孩子已经有了自我意识，知道自己要什么了。在应对孩子顶嘴时，首先，家长要尊重孩子，放下自己的身段，不能一味地专制；其次，要了解孩子内心的想法，多与孩子进行沟通，并及时给予指导；最后，适当给予孩子一些自由的空间，不要对孩子要求太死，抓得太紧。

2

青少年顶嘴，是你不了解孩子的心

青春期，大家并不陌生，这已经是一个广为人知的词。然而，很多人却未必了解这个词的内涵，在大家的印象里，青春期就等于逆反，就是叛逆。果真是这样的吗？

进入青春期后，孩子的身体发生了巨大的变化，其身体机能已经接近成人，但是心理的发展却相对滞后，生理与心理发展的不平衡使青春期的孩子具有了一些特殊的特点。

（1）在心理上，成人感和幼稚感并存。

进入青春期之后，青少年的心理活动还处在矛盾之中，呈现半成熟半幼稚的特点。生理的快速发展与性的成熟，使青少年渴望追求成熟体验，希望得到家长、学校以及社会的认可与信任。然而由于青少年认知能力不够、人格不完善、社会经验缺乏等原因，他们又显得不够成熟，看问题也比较片面，而且行事冲动。

（2）独立与依赖。

成人感的产生，独立意识的形成，使得青春期的孩子反对一切，对一切都表现出了不顺从。不愿意听取家长、老师、长辈的教诲，希望能够按照自己的想法做事。但是，青少年在内心深处并没有完全脱离父母，对父母还存在强烈的依赖感。只不过，这时候的依赖不再是情感和生活上的依赖，而是精神上的支持、理解和保护。虽然这个时期的青少年渴望独立，但他们的独立也只是为了向外人表明自己是个独立的个体，或者仅仅是为了掩饰自己的软弱，在生活的很多方面，他们都依赖长辈，希望得到长辈

帮助，特别是在遇到挫折的时候。

（3）封闭与开放。

进入青春期的少年内心世界逐渐丰富起来，也有了自己的秘密。加上外部环境的影响与自我意识的凸显，以及对外界的不信任，使他们的内心更加封闭。这样一来，他们就会感觉更加寂寞、更加孤独，其交友范围也在减小，从而更加渴望寻找、也在不断寻找知心的朋友。一旦找到，就会推心置腹，引为知己，将自己的秘密毫不保留向对方倾诉。从而又表现出一定的开放性。

（4）勇敢与怯懦。

青春期的少年还具有勇敢与怯懦的特点。在一些情况下他们表现得很勇敢，崇尚武力，但却很冒失，欠考虑。在另外一些情况下，却又显得特别胆怯、害羞，比如遇见异性的时候。

高傲与自卑也是这个时期的孩子的特点。自我意识虽然凸显，但还不能客观的认识自己的能力和性格。往往会因为一时的成功而骄傲，也会由于一时的失败而自卑，把自己贬低得一无是处。

在情绪上，青春期的少年也具有一些特点。他们的情绪不稳定，时而强烈，时而细腻；一会随和，一会又非常固执。这时候的他们的心境消极，烦恼突然增多，觉得非常孤独、压抑。

青春期的孩子因为种种身心特点，加上心理的不够成熟、经验的缺乏，会显得行为比较冒失，他们渴望得到家长的认可，渴望独立，却缺乏与家长交流的相关经验，加上家长的不理解、教育方法的不恰当最终造成了孩子跟家长顶嘴的现象。

所以孩子顶嘴，并不能成为家长打骂孩子的理由；孩子顶嘴很大程度上是因为家长不了解孩子的内心。想要走进孩子的内心，家长一定要成为孩子的朋友，把孩子当作一个成人来对待，平等地与孩子交流，真诚赞扬孩子的优点，共同处理孩子遇到的问题，和平共处，还可以发展和孩子一样的兴趣，这样才能走进孩子的心，孩子才会对父母诉说自己的心里话。

本 节 家 教 智 慧

　　对于顶嘴的孩子，家长要了解他们的特点，尊重他们的选择，给予他们足够的空间，同时也要及时发现问题，进而积极地引导和帮助他们，免得孩子误入歧途。这样才能"多年父子成兄弟"。

3

唠叨，其实为了你自己

"出门小心点。"

"过马路看着点。"

"今天可能会下雨，带上伞。"

"行啦，行啦，我知道啦！我又不是小孩子。"

"好啦，知道啦！你真啰嗦！"

很多子女和父母都抱怨过这样的对话。孩子嫌自己的爸妈啰嗦，觉得他们不把自己当大人看，出个门都要唠唠叨叨地说上一大堆；家长也抱怨自己的孩子翅膀硬了，不听话了，把自己的关心理解为啰嗦、唠叨。

唠叨，似乎已经成为所有家长的通病，所有孩子的烦心事。特别是随着孩子进入青春期，越来越多的孩子抱怨自己的家长很唠叨。那么"唠叨"到底是怎么回事？"唠叨"到底是好是坏？如果是坏，又是谁之过呢？

家长无疑是爱孩子的，是希望孩子健康成长的，然而家长却没有意识到"唠叨"有时候并不是为了孩子，更多的是为了家长自己。

（1）唠叨，是一种畸形的爱。

可怜天下父母心，家长总希望自己的孩子能够生活得更好。然而，如下两种类型的家长将对孩子的爱，变成了一种畸形之态。

溺爱型的家长：过于溺爱孩子，总是担心孩子还小，什么都做不好。希望自己能够帮他做好一切，可是孩子偏偏不听话。由爱生怨，于是家长便在旁边指点，让孩子觉得家长很唠叨。

控制型的家长：虽然也是希望能够帮助孩子做好一切，但与溺爱型的家长不同。这种类型的家长，不是溺爱孩子，而是希望控制孩子，让孩子的一切掌握在自己的手中。他们的唠叨，不是担心孩子做不好，而是怕失去孩子，担心孩子脱离自己的掌控，这种家长忍受不了亲子分离带来的空虚。

（2）唠叨，是为了自己的面子。

有一种家长，本身出身卑微，没什么值得炫耀，看到别人的孩子那么优秀，也渴望自己的孩子优秀，甚至比别人更优秀，能够给自己长面子。当孩子不如己意，比不上他人时，就会牢骚满腹地对孩子唠唠叨叨。

还有一种家长，自己的梦想没有实现，就将希望寄托在孩子身上，希望孩子能帮自己圆梦。这种家长对孩子期望很高，当孩子无法达到他们的要求时，他们就会时常在孩子面前唠唠叨叨。

这两种家长都没有考虑孩子的想法，因此也会发生孩子顶撞家长的现象。

（3）唠叨，是亲子关系不佳的表现。

亲子关系不佳有两种表现，一种是无言以对，形同陌路。无论在家中还是在外面，亲子之间有隔阂，家长不愿管孩子，孩子也不想和父母交流。另一种就是父母唠叨，孩子漠视。父母出于关心，一直在孩子身边唠叨，而孩子一句话都不愿意说，而且一句话也不愿听。这种父母一般都是惯性思维，觉得自己比孩子懂得多，从不会耐心听孩子的心声，孩子则觉得父母不了解自己，不知道自己要什么，自己无法和父母交流。

这两种类型的父母，其实都是与孩子缺乏交流。

青春期的孩子既独立也很依赖，再加上经验少，看问题不全面，还是很需要家长的帮助与支持。在适当的时候对青春期的少年进行引导是很必要的，但是，过犹不及，对这一时期的孩子的教育千万不要显得太唠叨。过头了，不但不起作用，还很可能让孩子产生抵抗情绪，很多时候，孩子也知道是对的，也知道父母是为了自己好，可能就是因为父母的唠叨，让孩子走向了另一边，犯下大错。因此对于这个时期的孩子的教育一定要讲究方法，可以把握以下几个原则：

（1）相信孩子。

相信孩子的能力，鼓励、支持孩子自己去做事情。但不是放任孩子，什么都不管。家长要为孩子把握大的原则和方向，对孩子的言行举止进行监督，适度地过问，只是事情的决定权、选择权仍然在孩子的手上。

（2）不将自己未实现的愿望强加在孩子身上。

每个人都是独立的个体，都有自己的主见，不要过多地干涉孩子的事情。孩子也有自己的愿望，家长没权力剥夺，相反，家长要督促孩子形成自己的愿望，并帮助其实现。

（3）尽可能地发展家庭民主。

青春期的孩子已经有了一定的价值观，所以家庭中的事情，也要让孩子参与进来。这样可以培养孩子的独立性，使其具有决断能力；同时，也能让孩子知道，他也是家庭中的一分子，让他觉得自己受到了尊重。

成长是每个人自己的事情，别人替代不了。孩子的成长，就要让孩子自己去经历。家长要做的仅仅是在旁边监督，适时地推孩子一把。唠叨，很多时候确实是为了孩子，但往往也是在满足家长自己的欲望。有些家长仅仅是希望用孩子的优秀来给自己长面子或者是希望让孩子来完成自己的愿望。家长们应该知道有些事情需要让孩子自己去经历，给孩子信任，比上千句唠叨要好得多。

本节家教智慧

唠叨，并不一定是爱，爱也并不是只有唠叨才能表达。给孩子一点相信，一点鼓励，一点支持，或许比唠叨更能表达自己对孩子的爱，也更利于孩子的身心发展。

青少年顶嘴，是你与孩子沟通不好

孩子进入青春期后，很多家长反映自己无法和他们交流，孩子也不和自己说话，一回到家就把自己关在房间里。

那么青春期的孩子真的无法交流吗？

在心理学里有一种说法，叫做：沟而不通。有些父母不是没有尝试过和孩子沟通，而是"沟而不通"，反而"沟痛"。为什么会这样子？原因在于家长没有掌握好和青春期孩子沟通的方法。一般家长和孩子进行的所谓"交流"，其实就是一种"审问"，他们带着自己作为家长的威严，对孩子进行逼问，采取的是一种高姿态；对孩子说的话先入为主，缺乏必要的信任，对孩子的关心也仅停留在学习上，而没有深入到孩子心里。

江西教育频道《成长对话》栏目曾播放过这么一个案例：

曾强（化名），初中毕业，务农；曾伟（化名），14岁，曾强的儿子。曾强称儿子曾伟有网瘾，并且父子之间无法交流，于是带曾伟来《成长对话》栏目，希望心理专家能够帮助自己解决儿子的网瘾问题。

"我和我儿子无法交流，他有网瘾，我怎么说都不听。"曾强说道。

"你说你儿子有网瘾？"主持人问。

"是啊，每天上网上好久，还逃课。"曾强说。

"曾伟，你父亲说你有网瘾，你是怎么认为的？"主持人问。

"我没有网瘾，我就上三四个小时的网，又不会沉迷在网络中，怎么算网瘾？"曾伟说。

"你还说你没网瘾？每天上那么久的网，课也不上，饭也不吃，还不算网瘾啊？"曾强很生气地说。

后来在专家讲解了"网瘾"的定义后，主持人发现曾伟网瘾并不严

重，曾强有点夸张。而经过专家了解，曾伟也并不是不想和父亲沟通，曾伟说，他父亲从来不听自己说的话，自己明明没去上网，父亲就是不相信。他觉得父亲不可理喻，于是就不再和父亲说话了。

作为家长，曾强在教育孩子的过程中，不能放下自己的身段，不相信自己的儿子，对儿子的话先入为主，总是从自己的角度考虑问题，这样怎么能和儿子沟通好呢？

所以在亲子交流时，特别是与青春期的孩子进行沟通时家长一定要注意以下几点：

（1）了解青春期孩子的特点。

许多家长对青春期不甚了解，对青春期的认识，也只是停留在"青春期很叛逆"这个层面上，并不了解其深层次的特点。当孩子的青春期突然来临时，家长不够敏感，只是一味地强调自己的孩子不听话了，然后就对孩子进行盲目的打骂教育。

对此，家长要先了解青春期孩子的心理特点，只有了解了青春期孩子的心理特点，才能够理解孩子，为与孩子更好地交流打下基础。

（2）放下身段。

青春期的孩子，自我意识、独立意识凸显，渴望得到认可。如果这一时期，家长还是像孩子小时候那样，居高临下地和孩子交流，会严重打击孩子的自我意识、独立意识，导致孩子不愿意与家长交流，因为他们觉得父母不能够理解自己。所以家长应该知道交流应是平等的，唯有放下自己长辈的架子，给予孩子平等的尊重，交流才能够进行下去。

（3）积极倾听。

家长最常犯的错误就是不听孩子辩解，总是自以为是、先入为主。不听孩子说话，怎么能够了解孩子的想法呢？孩子的意见尚未完全表达出来就遭到父母的打压，他们又怎么会听家长的话呢？

所以，放下身段，少说话，多听孩子怎么说，才能知道孩子在想什么。

（4）不要只谈学习。

青春期是个体学习压力较大的一段时期，同时也是身心巨变的一段时期。因此，在这段时期里，父母对孩子的关心不仅要停留在学习上，也要多关心孩子的身体发育和心理发展。身心的巨变，使孩子对异性、对性充满了好奇，这时家长应对孩子多做引导和解释，解除他们的疑惑，这样，不但可以让孩子对家长产生信任，而且更能够帮助孩子成长。

（5）给孩子更多的空间。

孩子已经长大了，家长要给他们留下更大的空间，信任他们，让他们自己去发展，探索生活，培养自己的兴趣，所以这时期家长要做的就是在适当的时候对孩子进行一些督促和点拨。家长不要限制孩子的娱乐，也不要把孩子的活动空间局限在房间、教室，这也是孩子身体发育的需求。如果有可能，家长还可以培养与孩子一样的兴趣，和孩子一起玩。著名作家刘墉，为了更好地和孩子沟通，学会了滑旱冰、上网聊天，甚至尝试和青少年一样扮酷，穿乞丐装。家长只有放下了自己的架子，融入到孩子的世界里，才能够走进孩子的内心，了解他，与他更好地交流。

本 节 家 教 智 慧

沟通是两个人的事，需要双方的配合。家长要放下身段，给予孩子足够的尊重，认真倾听孩子的心声，才能了解孩子，帮助孩子。

5

尊重孩子要求独立的愿望

"妈，你怎么乱翻我东西？"

"以后进我房间要敲门。"

"好啦，知道了，我会注意的，我都这么大了。"

每一个青春期的孩子都说过类似的话，都有类似的烦恼。长大了，烦恼也多了，父母不理解自己，自己有些话不知道和谁交流，更让他们厌烦的是父母经常查看他们的东西，监视他们的言行。

而父母同样也有自己的烦恼。

"唉，我就是进他房间打扫卫生而已，看到东西那么乱就帮他整理了一下，没想到好心没好报。"

"我只是担心他，孩子这么大了，万一出点什么事，那我们该怎么办啊？"

"这孩子，以前什么事都跟我说，现在什么事都不说了，可是跟朋友却很能聊，甚至在网上跟陌生人都聊得很欢。对我们就什么都不说，我们也不知道怎么办啊？"

"你说这么晚都没回家，我们能不担心吗？打了两个电话催他回家，有错吗？"

进入青春期之后，青少年的自我意识、独立意识凸显。为了否认自己是儿童，证明自己是个成熟的人，他们迫切地希望享有独立自主的权力，因此父母过多的关心和帮助被视为其获得独立的障碍，而老师和其他社会人员对他的指导、教育也被看成是对自己的束缚。为了获得独立，青少年对任何一种外在力量都有抵触与排斥的情绪。

因此，作为父母，除了要了解青春期孩子的特点、跟孩子做好交流之外，还要尊重孩子要求独立的愿望，以免由爱生乱。虽然有些父母已经意识到了这个问题，可是依然会犯以下几个错误：

（1）过度关心。

爱孩子是家长的共同点，本无可厚非。然而，爱有不同的形式，父母需要依据孩子不同时期的特点来表达自己的爱。青春期的孩子内心独立的愿望非常强烈，过度的关心只会让孩子觉得父母唠叨，觉得自己要求独立的愿望被压抑了。这个时候，父母要意识到自己的问题，及时停止啰嗦，多给予孩子独立的空间。

（2）忽视孩子的自主性。

青春期的孩子独立意识的一个主要表现就是渴望依靠自己的力量来处理自己的事情。而父母这个时候很容易忽视孩子的自主性，不尊重、不重视孩子的意见。他们认为自己是孩子的父母，有权力对孩子的生活进行干涉；父母会因为自己是长辈，经历的事情比较多而忽视孩子的意见，甚至就算口头上已经答应了，也时常一转身就忘记了，让孩子的独立愿望受到打击。这个时候，父母应适当放权，对于一些非原则性的、事关孩子自身的事情可以让孩子自己处理；对于孩子的意见父母一定要认真听取，答应孩子的事就一定要做到，如若不能做到要说明理由，不要摆权威。

（3）阻碍孩子的个性发展。

青春期是个极具个性的时期，处在这个时期的孩子都希望在别人面前展示自己的个性，张扬自己的个性。然而，父母时常会因为思维没有跟上孩子的节奏而对孩子的个性进行打压。孩子穿什么衣服、理什么样的发型、作息时间如何等等都要受到父母的管制。回想以前，家长自己是否也曾这样？没有个性的人是不会被人注意的，家长不应阻碍孩子的个性张扬，相反，要鼓励、支持孩子去张扬自己的个性。

（4）要给孩子留"面子"。

青春期的孩子自我意识暴涨的另一个表现就是非常关心"我"，非常关心别人对自己的评价。虽然说青少年的自我评价意识已经逐渐形成，比较关心自己的内在，但是对于他人的评价、对于自己在别人心中的印象也颇为关心。走在大街上，尽管没人注意他们，可是他们还是会觉得大家都在注意自己，于是，他们的一言一行都刻意做到最好，唯恐给人留下不好的印象。同时，青少年也非常注重自己的外表，他们追求时尚就是为了不让自己在同伴中显得落后。在生活中，父母常常会干涉青少年的活动，对穿衣提出批评，对交友进行批评，在外人面前也不给孩子留面子，直接批评孩子。这种做法严重损害了孩子的自尊心，也妨碍了他们的独立成长，家长一定要注意给孩子留点面子，适当放权，千万不能在外人面前过多批评和干涉孩子。

本 节 家 教 智 慧

家长要尊重孩子要求独立的愿望，将孩子放在平等的地位，鼓励支持孩子发展自己的个性。在孩子的青春期，家长只需在大局上做出指点，适度地给予孩子一些约束便可以了。

6

家长教育青春期孩子的"五大忌"

青春期的少年，虽然比较反叛，需要教育，但是也要注意教育的方式方法。青少年需要的是指导，而不是批评。每个孩子都渴望得到长辈的指导，而有些孩子之所以不与家长交流，是因为家长的做法让孩子无法信任他们。因此，作为家长，在孩子进入青春期后，对孩子的教育一定要注意方法，方法用错，时常会酿成严重的后果，所以，家长在这一时期要注意"五大忌"：

（1）忌恐吓与冷落。

吴毅，15岁进了3次看守所，原因都是参加斗殴。

吴毅说，其实他也不知道自己怎么会这样，以前他虽然成绩不是很好，但还是挺乖的。可是上了初中后，由于没有适应，学习成绩一路下滑，自己和父母都很担心。一次月考，吴毅考得非常差，父亲知道成绩后，十分气愤，便对吴毅说："你这样子有什么用？还不如趁早出去打工好了！再这样下去就别读了！"这件事之后，吴毅也很内疚，同时又害怕父亲真的不让自己读书了。他开始用功学习，可是经过一个月的努力，成绩依然没有提上去，父亲也没说什么话，看了成绩单后就走了，之后也不再关心吴毅。吴毅感到非常失败，认为自己就这样了，于是便不再认真读书，后来认识了一个所谓的大哥，做了地头蛇。最后就来到了这里。

青春期的少年是需要鼓励的，切忌恐吓、冷落。经常性的恐吓、冷落会使孩子体验不到父母的爱，相反，还会失去安全感，变得敏感，产生自卑、抑郁的心理。长期的恐吓、冷落对青少年的成长极为不利。况且，青春期也是青少年自我同一性形成的关键时期，父母长期的恐吓、冷落会让

孩子停止自我探索，导致自我同一性混乱。

（2）忌看"坏"不看"好"。

每个人都渴望得到赞美，特别是身边亲人的赞美。然而，在教育青春期的孩子时，家长经常是"看坏不看好"，忽视孩子的优点，而当孩子犯了一点错误时，就抓住不放，夸大其词，对孩子进行严厉批评。

在心理学中有"强化"一词。所谓"强化"就是奖励某行为结果，使得该行为的结果出现的频率增加。在教育青春期的孩子时也是一样的，要多鼓励孩子，孩子犯了错误，需要一定的批评，但不能夸大其词。一般家长认为，将结果夸大能够震慑孩子，其实不然，如果孩子没有在心底里认同这个结果，那么夸大其词不但不能收到震慑的效果，相反，孩子会不屑一顾，甚至将事情进一步闹大。

（3）忌在对比中扼杀孩子的积极性。

在教育孩子时，家长们往往喜欢拿自己的孩子与别人的孩子对比。

无论孩子做得多好，总是有一个"邻居家的"孩子做得更好。今天孩子考了90分，家长会说，邻居家的孩子都考了95分，你这算什么；下次孩子考了98分，家长又会说，邻居家的都考了满分，不要骄傲，继续努力；等孩子考了一百分的时候，家长又会说，现在考个满分算什么，考满分的人到处都是。家长的本意是好的，希望孩子不要骄傲，继续努力，可是这种对比会打击孩子的信心，使孩子丧失积极性。

家长在教育青春期的孩子的时候，切忌用对比扼杀孩子的积极性。马克思说过，事物都具有两面性。对于孩子取得的成绩，家长要看到孩子的努力，并着重表扬，激励孩子更加努力，然后才是引导孩子不要骄傲。

（4）忌偷看孩子的隐私。

青春期是一个美好的时期，也是一个"多事之秋"。进入青春期，青少年的身心得到了迅猛的发展，特别是生理发展。身体的发育、神经稳定性发育不够、第二性征的出现，加上思维结构的不完善、外部环境的复杂影响，使得青少年容易冲动、对异性好奇、思想片面，伴随而来的是早恋、网瘾、打架斗殴等问题的出现，这些现象让许多家长对青少年的成长非常担心，害怕他们误入歧途。

为了更好地了解、指导孩子成长，很多家长认为身为监护人，家长有权力知道孩子的一切，于是偷看孩子的聊天记录，翻看孩子的日记等。青春期的孩子自我意识暴涨，他们认为自己是独立的个体，具有独立的人格，当然也具有隐私权，而家长的这种做法恰好与他们的想法相悖，这必然会让他们产生反抗心理。

因此在教育青春期孩子的时候，家长切忌偷看孩子的隐私，要多给予孩子关心和理解，让孩子信任自己，主动地说出内心的困惑，然后再对其进行指导。

（5）忌盛怒时教育孩子。

人在发怒时会产生意识狭隘的现象，这时个体只注意到当下面临的事情，而无法关注到其他事情。个体在发怒的时候只注意到了引起个体发怒的事件，不会追究这个事件的起因，寻求解决方法。

面对青少年的问题和失误，切忌选择发怒的时候教育他们。因为这个时候，家长无法理性地处理事情，易听片面之词，也不能够听取孩子的解释，因此，很容易错怪孩子。

盛怒时是不能够教育青少年的，所以当孩子出现问题时，最好先平息自己的怒火，然后再来探究整个事件的原委，认真听取并分析孩子的解释，这样才能公平处理。

本 节 家 教 智 慧

青春期是孩子成长过程中的重要时期，家长在各方面处理得好，便能够帮助孩子顺利渡过这段时期；如果处理得不好不但会影响亲子关系，还可能在孩子心中留下阴影，孩子甚至会因逆反心理过强，而酿成更大的错误。

第十三章

孩子没有上进心，不能成为你打骂孩子的理由
——批评孩子不上进其实就是批评父母无目标

常常听到家长抱怨自己的孩子没有上进心、生活状态散漫，那么，为什么会出现这样的状况呢？难道真的是孩子没有上进心吗？

其实，每个孩子都有上进心，只是家长的教育方法不对才导致了孩子的上进心缺失。也就是说，孩子的不上进，正是家长不上进、无目标的表现。所以家长要对自己的行为进行反省。

都说父母是孩子的第一任老师，如果家长每天呆在家里打麻将、玩游戏，没有目的地生活，孩子又怎么会上进呢？所以家长要转变教育方式，以身作则，对孩子言传身教，维护孩子的好奇心，要正确引导孩子的好奇心使其转变为求知欲，引导孩子树立远大的理想，帮助孩子客观地认识自己，接纳自己，增强孩子的抗挫折能力，这样才能更好地帮助孩子树立信心，提升孩子的上进心！

怎样培养孩子的上进心

经常会听见很多家长抱怨自己的孩子没有上进心。那么，为什么会出现这种现象呢？一些儿童心理学专家根据大量研究认为，现在的孩子不上进的原因主要有以下几方面：

（1）现在的物质生活条件比较好，孩子体验不到生活的艰辛，对于长辈说的生活艰苦，体验不到位。

（2）孩子还小，爱玩是他们的天性，而且由于身心发展不完善、思维不成熟、社会经验不足，认识不到读书的重要性。而现行的应试教育，更加让孩子以为读书是为了家长的面子、为了老师的荣誉，因此，他们更加认识不到读书是为了自己。

（3）孩子没有明确的目标，认为读书只是为了分数，没有树立远大的理想。

那么孩子的不上进就这三个原因吗？专家指出，对于问题的分析，不能够仅停留在表面，应该深入探究。孩子没有上进心大部分责任还在于家庭。

家庭是孩子生存的第一个场所，父母是孩子的第一任老师，对孩子有着重要影响，而家庭关系、家庭气氛对孩子的身心，特别是人格的形成至关重要。通常来说，一个安静的家庭氛围，会造就一个性格安静的人；一个流氓家庭会产生一个二流子；一个书香世家，其孩子也会是一个具很高素养的人。因此，家长以身作则，营造一个良好的家庭氛围，自然就能够培养一个上进的孩子。现在很多父母自己都没有上进心，整天打麻将、看电视、打游戏等，孩子身处其中，耳濡目染，又怎么会有上进心？所谓的"入兰芷之室，久而不闻其香；入鲍鱼之肆，久而不闻其臭"就是这个道理。所以，想要让自己的孩子有上进心，家长一定要做到：

（1）树立良好的榜样。

众所周知，孩子的模仿能力是非常强的。有研究表明，孩子的学习方式主要是观察学习。所以家长要想促进孩子的上进心，那就要以身作则，为孩子树立榜样，多给孩子讲述身边具有上进心的例子和名人故事，以此激励孩子。通过对这些榜样的认识，受到榜样行为的鼓励，进而强化孩子的上进心，并使孩子内化这些榜样的行为。

（2）多鼓励孩子。

没有谁不喜欢赞美，不想给别人留下良好的印象。孩子也是一样，也喜欢被赞美。孩子没有上进心，很可能是因为孩子得到的鼓励太少、批评太多。因为鼓励太少、批评太多，就会消磨孩子的积极性，使孩子觉得自己一无是处，对自己自然就会失去信心。所以，家长要用积极的眼光发现孩子的优点，并及时送上真诚的表扬，如"你真是太棒了"。而对孩子的失败家长也要及时给予安慰，"没关系，我们继续努力"。此外家长还需鼓励孩子多参加各种活动，比如夏令营，学习小组等，以锻炼其品质，增强思考能力，培养上进心。

（3）多让孩子体验成功。

成功的体验能够激发孩子的动力。家长要多给予孩子体验成功的机会。可以先为孩子设置一些比较容易完成的目标，让孩子体验成功；然后，慢慢加大目标的难度，并在此期间及时给予表扬，强化孩子的行为。唯有体验到了成功，孩子才能体会成功所带来的快感，才会向往更大的成功。比如，先让孩子做完一部分作业，给予一定的奖励，然后将目标增大，做完所有的作业，给予相应的奖励。对于孩子上进心的培养，家长一定要用心，注意方法。

本节家教智慧

　　良好的家庭氛围是提升孩子上进心的重要条件。家长应该努力为孩子创造一个良好的家庭氛围，并以身作则，为孩子树立良好的榜样，这样才可以更好地提升孩子的上进心。

2

引导孩子从小树立远大理想

要培养孩子的上进心，最好的方法莫过于从小给孩子树立远大的理想。因为远大的理想，可以指导人生的走向，让孩子形成正确的价值观、人生观。

拿破仑很小的时候，有一次他的叔叔问他将来想干什么，拿破仑听了之后，马上滔滔不绝地讲述了他的人生规划、伟大抱负。拿破仑说，他要去从军，做一名大将，带领着他的雄兵席卷整个欧洲，建立一个空前绝后的超级帝国，自己做这个帝国国王。他的叔叔听完之后认为拿破仑的理想非常荒谬、可笑，可是拿破仑并没有因此受到打击，而是依然向着他的梦想努力奋斗，后来终于建立了他的帝国。由此可见，少小立志，对一个人的一生是有着十分重大意义的。

因此，从小帮助孩子树立远大的理想，设立人生目标对提升孩子的上进心，对孩子一生的成长都具有重要影响。明朝著名思想家王阳明说过："立志者，为学之心也；为学者，立志之事也。"因此父母引导孩子从小树立远大的理想，非常有必要。

教育专家指出，在帮助孩子树立远大理想的过程中，家长应做到以下几点：

首先，家长要在孩子小的时候做好思想教育工作。

小孩子就像一张白纸，以后的路途需要在人生的初期进行规划，孩子小的时候为孩子种下一棵理想的种子，长大之后才会开花结果。弗洛伊德认为小时候的刺激是个体心理异常产生的一个主要原因，相对的，小时候的良好教育对个体的人生发展影响也是巨大的。

其次，要引导孩子将理想树立得高远些。

每个孩子都有自己的理想，可是孩子的理想大多非常具体、离现实生活很近，家长不必知道、也不可能知道孩子长大后会做什么，但是可以根据孩子的兴趣爱好、特点特长启发他们树立高远的目标。俗话说："志当存高远"，个人的事业一定是以自己的理想为指引的，个人的事业也是不会超过他的信念的。

最后，要使孩子懂得，理想是要用行动来实现的。

很久以前，天鹅和乌鸦住在同一片森林里，它们的生活过得非常舒适、悠闲。一天，它们听说外面的世界非常美丽、精彩，于是立下志愿要到外面去看看。为此，天鹅开始学习游泳和飞翔，而乌鸦却一点行动都没有，还劝天鹅："时间这么多，慢点练习都可以。况且练习飞行和游泳很危险，一不小心就会摔死或者淹死，再等等吧！"天鹅并没有听乌鸦的劝告，继续练习，最后终于掌握了飞行和游泳技术，并到外面游历了一番，增长了很多见识，而乌鸦却依然留在那片森林，独自羡慕着天鹅。

"千里之行始于足下"，没有行动，再高远的目标都是纸上谈兵。因此一定要让孩子知道唯有行动才能实现远大的理想。

当然，理想与目标不是棉花，不能"空谈"，需要有具体的步骤。为此，家长应该引导孩子树立一个远的目标——终极目标，以及一个中程目标，最后落实到每一天的学习上。这样的目标必须具体、可行、有效、符合孩子的实际情况，能引导孩子去不断积极主动地学习。

18岁以文科第一名的成绩保送到人民大学，20岁就以大陆唯一的本科生被斯坦福大学录取，25岁时就读于哈佛商学院，27岁就创办了华有德康信息技术有限公司的陈宇华，她的成长离不开母亲对她的教育。母亲根据陈宇华的个人特点，引导她形成自己的终极目标、中程目标、短期目标，而且她的目标都非常具体、可行。比如，这个学期要取得年级前三；数学取得100分。这个学期语文也要取得100分等。正是在母亲的引导之下，陈宇华养成了自觉学习、为自己设定目标、并付诸实践的习惯，才有了后面的成功。

引导孩子树立远大理想的最好方法，莫过于从兴趣开始。兴趣是孩子最好的老师，可以激发孩子探索、学习的动力，促使孩子接受新事物。家长可以通过故事、书籍培养孩子的兴趣，通过各种活动发现孩子的兴趣。

著名画家达·芬奇的父亲彼特罗就是一个善于发现孩子兴趣的人。达芬奇六岁的时候，就表现出了对绘画的极大兴趣与天赋。一天，达芬奇上课没认真听讲，但是给老师画了一副速写。老师知道后，请来了达芬奇的父亲皮特罗，皮特罗向老师道了歉，回家之后并没有责罚达芬奇，恰恰相反，反而夸奖达芬奇画得不错。正因为父亲的支持，达芬奇开始全身心地投入到绘画之中。后来达芬奇师从维罗齐奥，通过自己的刻苦努力，再加上父亲的支持，终于在绘画艺术上取得了巨大成就。

保证远大理想实现的最好方法，莫过于培养孩子的意志。具有了坚强的意志，才能使远大理想实现。苏轼说过："古之成大事者，不惟有超世之才，亦必有坚韧不拔之志。"孟子也说："天将降大任于斯人也，必将苦其心志，劳其筋骨，饿其体肤，空乏其身，所以动心忍性者，增益其所不能也。"可见，坚强的品质是多么的重要。世人不乏理想，缺乏的是坚强的意志和持之以恒的信念。

所以找到了孩子的兴趣所在，引导孩子树立了理想，确定了具体的目标之后，最重要的就是培养孩子坚韧不拔、持之以恒的信念！

维持远大理想的最好方法，莫过于改变孩子的动机。孩子毕竟年幼，不能够像成人一样具有长远的眼光和坚韧的意志，所以要对孩子每一次的成功进行鼓励、强化。只有对孩子的成功进行了强化，才能增加孩子继续行动的动机。而对孩子的强化可以是精神上的鼓励，也可以是榜样示范的替代。对于年龄小的孩子，最可行的还是物质上的强化。

无论精神强化还是物质强化，最终都会失去效用，最有效的还是改变孩子的动机，让他的行为成为一种习惯。

小学低年级的孩子动机是外部的，通常是为了得到物质上的好处、为了得到老师家长的表扬。针对这一特点，家长应在孩子实现了小目标的时候及时给予一定的物质奖励。

高年级之后，孩子的动机通常是为了得到同学的认可，想让自己在同

学之中有地位。家长要针对孩子的这些特点给予一定的强化。

　　而最有效也最成熟的动机则是自我认知的动机。自我认知动机完全是为了自己的追求，为了自己的兴趣、理想。家长要做的就是在不同的时期，给予孩子相应的强化，促使孩子形成自我认知的动机。形成了这种成熟的动机，孩子才能长久地维持自己的远大理想，才不会在实现理想的途中迷失自己。

本 节 家 教 智 慧

　　家长应该培养孩子的兴趣，引导孩子从小树立远大的理想，指导孩子形成自己的人生目标。而理想的实现必须要有坚韧的品质，要有正确的动机，拥有了这些，理想才能实现。

3

鼓励孩子交上进的朋友

英国著名教育家斯宾塞说，孩子与人交往，是成长中的好事而不是坏事，家长非但不要害怕，相反还要予以重视、鼓励和引导。

人是群居动物，人只有和人在一起的时候后才会有归属感，孩子也是一样，也需要朋友。有了朋友孩子会更有归属感、安全感，满足孩子被尊重的需要。而且还能够锻炼孩子的社交能力，完善孩子的社会适应能力。而朋友在一起会相互影响，因此，一个孩子交什么样的朋友很重要。和上进的人在一起，自己也会变得上进。所以想要自己的孩子有上进心，就要鼓励孩子多交上进的朋友。

具有上进心的孩子，一般都非常的积极向上，具有强烈的好奇心和求知欲。这些都能够带动你的孩子向他们学习。而且，具有上进心的孩子会展示出自己巨大的知识量，这会促进你的孩子学习。

由于具有上进心的孩子求知欲比较强，所以学习到的东西也比较多。跟这种孩子在一起交流，你的孩子也会变得更有知识，更有礼貌。

爱因斯坦提出相对论之后，经常到各地去演讲，他的司机因为要等他，所以也会跟着去听他的演讲。有一天，在去演讲的路上，他的司机对他说："先生，听了这么多次你的演讲，我也可以对他们演讲了。"爱因斯坦说："是吗？那今天的演讲就让你来讲吧。"他的司机真的代替了爱因斯坦在那做演讲，结果非常圆满，赢得了全场的掌声。由于爱因斯坦去的这个地方没有人认识他，所以直到爱因斯坦离开，也没有人发现原来是爱因斯坦的司机在为他们做演讲。

跟什么样的人在一起，就会受到什么样的影响。跟上进的人在一起，你的孩子自然就会学到很多。

　　跟具有上进心的孩子交朋友，你的孩子也会变得更加开朗。具有上进心的孩子，一般比较开朗，谈吐也比较风雅，社交能力也会比较好，这些特点都是一般的孩子需要学习的。

　　另外，根据美国心理学家班杜拉的社会学理论可以知道，个体和榜样在一起时，个体会向榜样学习，而榜样所受到的表扬也会对个体产生替代性强化。同样，当孩子和具有上进心的孩子交朋友的时候，具有上进心的孩子所表现出来的一些优点，比如心态积极、爱学习、开朗等，都会促使孩子向他学习；而这些具有上进心的孩子因为这些优点而得到的结果，比如受老师家长的表扬、得到同伴们的羡慕等，也同样会强化你的孩子，激发他们向上的心。所以跟具有上进心的孩子交朋友，你的孩子也会具有上进心，会受益匪浅。所谓"近朱者赤，近墨者黑"就是这个道理。

　　所以说家长应该鼓励自己的孩子和上进的孩子交朋友。

　　家长要为孩子创造和上进的孩子交友的机会与氛围。现在的孩子大多是独生子女，被父母、祖父母呵护着，惟恐受到一丝的伤害，加上父母工作太忙没时间，一般孩子除了在学校之外其他时间都在家里，根本接触不到外界。被关在笼子里的鸟怎么能够接触到外面的同伴？而且，一般上进心不够的孩子都比较腼腆，缺乏社交的欲望，不会主动找人搭讪，家长可以通过带孩子去那些熟悉的上进的孩子家串门，或者邀请他们来家里做客，或为这些孩子提供游戏场所，邀请孩子一起玩游戏等方式，为孩子创造机会去接触、结识那些上进的孩子。

　　同时家长应该规范自己孩子的行为，使那些上进的孩子对自己的孩子产生好感，乐意和自己的孩子交朋友。由于社会经验比较少、长期关在家里以及思维发育不完善、自我为中心、好奇心重、嫉妒心比较重等原因，有些孩子可能会表现出一些不良行为，比如拿人家的东西、霸占东西、不礼貌等，为此家长要对孩子的这些行为进行规范，孩子做出这些行为之后，家长也要及时予以纠正。

　　家长要引导孩子珍惜友谊。孩子之间有时会产生矛盾、发生争吵，这很正常。这时，家长要冷静地引导、教育，不能袒护任何一方。不能因为自己的孩子吃亏了就袒护自己的孩子，切不可参与其中，最好做个中间人。家长要教导孩子在自己身上找原因，及时让孩子主动向对方道歉，鼓励孩子与同伴和好。还要引导孩子关心朋友，在朋友生病时去探望，或邀请朋友来家玩游戏。让孩子在与上进的孩子交友、游戏的过程中学会简单的社交，学会分享、尊重与体谅。

家长要正确引导孩子。孩子都是比较爱虚荣的，当上进的孩子表现得比自己更优越一些，比如更有知识、知道的更多、受到表扬，特别是有更好的玩具的时候，出于爱慕虚荣产生嫉妒心理，孩子往往会终止与上进孩子发展友谊，偷拿或者损坏上进孩子的玩具，或者对其进行谩骂等，这些都是不正确的行为，家长应及时进行疏导，引导孩子往积极方面发展。不然，与上进的孩子交友只会得到相反的结果。

本 节 家 教 智 慧

孩子骨子里都是上进的，之所以不上进是受到了外界的影响。鼓励孩子与上进的孩子交朋友，能够重新激发孩子的上进心，使孩子学到更多的东西。

4

激发孩子的求知欲

　　每个人都有好奇心，好奇心引导得好会转变为求知欲。强烈的求知欲是上进心的一个重要表现。不论大人小孩，都会对自己不知道的、新鲜的事物，表现出恐惧与好奇，强烈渴望明白这是怎么一回事，这就是人们最原始的求知欲。原本所有的人都有求知欲，但因为受到打压，或者没有得到强化，这股好奇、求知的欲望最终泯灭了。所以，家长要在后天激发孩子原始的求知欲。专家指出要激发孩子的求知欲，可以从以下几个方面出发。

　　（1）保护孩子的好奇心。

　　每个人都有好奇心，而这种好奇心，在孩子很小的时候就表现了出来。在孩子刚学会说话的时候，他们就会提各种问题，比如，这个是什么？为什么要这样做？我是怎么来的等等。随着孩子的成长，孩子的问题从"是什么"转变为"为什么"，从想知道物体属性的问题，到向探究性问题转变。对于孩子的这些问题，家长要妥善处理，否则就会打击孩子的好奇心。而家长在回答孩子提出的问题时，常见的不良方式有以下几种：

　　①踢皮球式。经常出现这样的回答："我不知道，去找你爸爸"、"我也不知道，去问你妈妈"等；

　　②打压式。回答方式是："我不知道，别问了，以后你会懂的"；

　　③敷衍式。孩子会问："我是从哪来的啊？"常见的回答是："从垃圾堆捡来的"、"买东西送的"等等；

　　④半途而废式。有些家长一开始意识到了好奇心的重要性，会认真回答孩子的问题，可是孩子的问题实在太多，有的时候也真的不好回答，于

是这些家长就不再愿意回答孩子的问题，开始敷衍、打击孩子的好奇心，结果半途而废。

以上只是例举了几种不恰当的回答方式。对于孩子的好奇心家长要细心呵护，认真回答孩子的问题，回答不出来的问题，家长要勇于承认，然后和孩子一起查资料，引导孩子的好奇心向求知欲转变。

（2）让孩子体会运用知识的成就感。

好为人师也是每个人都有的心理特点，孩子更是这样，家长要善于利用这一点。在孩子识字上学之后，对于一些简单的问题，家长可以引导孩子自己去书上查找答案，然后让孩子把答案告诉家长；或者家长装不懂，直接就一些简单的问题去问孩子。这样可以让孩子体验到运用知识的成就感。但是要记住，在孩子回答完之后，一定要对孩子的行为进行表扬，只有表扬才能强化孩子的感受。

（3）适当的给孩子解压。

对于孩子来说，单纯的学习，特别是没有表扬的学习是一件很枯燥的事情。适当给孩子解压，将玩与学习结合起来，会让学习成为一件非常快乐的事情，孩子也会从中学到更多、印象更深刻的东西，也更有兴趣学。

鲁迅先生曾说："游戏是儿童最正当的行为，玩具是儿童的天使。"鲁迅非常注重引导孩子在游戏中学习，并在其中发现孩子的兴趣。

鲁迅先生发现儿子海婴从小就对理工类知识有兴趣，于是便买来了一套木工玩具。小海婴如获至宝，常常拿它来敲敲打打，其认真的神态，俨然是一个在盖房子的小工程师。鲁迅先生还时常带海婴出去玩，看看清澈的河水，美丽的花朵，碧绿的禾苗，一起追逐蝴蝶蜻蜓，捉小昆虫，在这些活动中教授小海婴知识。一次，瞿秋白送给海婴一套类似积木的苏联铁制儿童玩具，瞿秋白的夫人杨之华还在玩具盒上标明了这上百个零件的名称以及玩法。这套玩具可以组装各种有趣的玩意儿，小到翘翘板，大到起重机、飞机等。鲁迅先生慎重地对小海婴说："这是你叔叔他们从苏联给你带的，你可得格外爱惜啊。"小海婴从玩"积铁"开始，逐渐迷上了理

工技术。

鲁迅先生在那个时代就已经有了这种育儿观念，这是非常值得现在的家长学习的。

（4）多给孩子买各种的书籍。

弗兰西斯·培根告诫人们，"读史使人明智，读诗使人聪慧，演算使人精密，哲理使人深刻，道德使人高尚，逻辑修辞使人善辩。总之，知识能塑造人的性格。"书籍的确是最好的老师，可以带给人们各种知识，开拓人们的眼界，完善人们的心智。对孩子也是这样，多给孩子买各种书籍，让书籍把孩子包围。哈佛大学的相关研究表明，让孩子尽量多地接触书籍，并且随时都能接触到书籍，可以激发孩子的求知欲。所以尽量让你的书籍摆放在孩子能够接触到的地方，沙发、床头、餐桌甚至车里面都要摆上书籍。

卢梭的父亲伊萨克是瑞士的一名钟表匠，在卢梭3岁的时候，伊萨克就教卢梭学习普鲁塔克《名人传》中的字。在父亲的教育下，卢梭对书籍产生了极大的兴趣，7岁前他就已经读完了勒苏厄尔的《教会与帝国历史》、奥维德的《变奏记》等书籍。小时候表现出来的对书的兴趣为卢梭日后成为思想启蒙家、哲学家以及文学家奠定了重要基础。

本 节 家 教 智 慧

保持、引导孩子的好奇心是激发孩子求知欲的最好途径。但是在保持、引导孩子好奇心的时候，家长一定要注意方法，因为一不小心，就会把孩子的好奇心抹杀。良好的方法才能够使孩子的好奇心很好地转变为求知欲。

5

引导孩子悦纳自己，树立自信心

在这个时代，大家都渴望成功，而成功的一个重要条件就是要有自信心，自信心在一个人的发展中具有非常重要的意义。然而，在这个科技发达的时代，仍有相当一部分人忽视了对孩子自信心的培养。

在自信心的形成过程中，周围人的评价，特别是在孩子心中重要之人的评价，比如家长、老师的评价，对孩子自信心的形成具有重要作用。很多人之所以自卑，就是因为这些重要之人对他们做出了负面评价，转而，这些负面评价被孩子内化为自身特点。比如，小时候家长对孩子的负面评价"你真笨"、"真没用"等，使孩子内化了这些评价，特别是在孩子做错事情的时候，更容易内化这些负面评价，认为自己的确很笨、很没用。久而久之，自信心就消磨殆尽了，自卑感就占据了整个内心。

为此，专家呼吁，家长应该引导孩子悦纳自己，树立自信心。

（1）悦纳自己。

常听到很多年轻人说要改变自己，对自己不满意。积极完善自己是没错的，也是值得提倡的，不过，过犹不及，对自己也不要过分挑剔、过分不满意，是自卑的体现。所以，每个人都应该悦纳自己，树立自信心。

"悦纳自己"是评价个体心理健康的一个重要标志。所谓"悦纳自己"就是个体能够接受自我，能够接受自己的优点与缺点，正确看待自己的优点与缺点。人无完人，每个人都有优点与缺点，关键不在于优缺点的性质与数量，而在于如何看待自己的优点与缺点。只有客观地认识自己，"知其长而扬之，但不骄；知其短而改之，不能改则抑之，亦不卑。"才能真正悦纳自己，树立自信心。

"悦纳自己"并不表示安于现状，不求上进。相反，悦纳自己是为了更好地发展自己。一个人只有认识到了自己的优点才能使其发挥出来，增加信心；也只有认识到了自己的缺点，才知道哪方面需要改善。

而家长更要引导孩子认识自己的优缺点，扬长避短，帮助孩子树立自信心。

露西是个内向而自卑的孩子，她觉得自己很不讨人喜欢。一天，她在商店看到一个发卡非常漂亮，当她戴在头上的时候，大家都说很好看，于是，露西买下了这个发卡，并戴着它高兴地来到学校，一路上同学都跟她打招呼，并赞美她"你今天真漂亮！"露西一下子开朗了许多，并认为一定是这个发卡让大家这么说的。但是等她回家之后才发现，自己头上根本没带发卡！回想起来才发现，原来自己在商店付完钱之后忘记把发卡带走了。

原来内向自卑的露西认为自己一定不受欢迎，可是当她把"发卡"戴上之后，内心就相信了自己很漂亮，于是她一反常态，兴高采烈地来到学校，这时大家也夸她漂亮。其实并不是因为发卡露西才漂亮，因为露西根本没戴着它，是露西从心底里接受自己"很漂亮"所表现出来的自信、阳光让大家觉得她漂亮。所以悦纳自己才会有信心，才会让人觉得你"很漂亮"！

（2）从小目标做起，体验成功。

帮助孩子树立自信心可以从设立小目标做起，让孩子在小目标中体验到成功，之后逐渐将目标变大，这同时也是帮助孩子逐渐树立自信心的过程。

体验成功，树立信心是一个过程，家长在这个过程中一定要有计划，而且计划应该和孩子一起商量，尊重孩子的意见，不能随心所欲。这个计划一定要包括所要达到的目标（即树立自信心），方法，过程，奖励等。在整个过程中，家长要有耐心，开始的时候，孩子可能不配合，可能对于小目标也做不来，这时候家长一定要有信心、耐心，并对孩子做出指导。

（3）引导孩子进行自我暗示。

心理学家的研究表明，暗示对于个体心态的改变与保持具有非常大的作用。心理治疗学家曾将心理暗示运用于心理疾病的治疗。而自我心理暗示对于提升个体的自信心也同样具有非常大的作用。在遇到问题前或者遇到挫折的时候，个体运用自我暗示，可以减轻压力，保持良好心态，在一定量上激发个体的潜能。所以，家长要学会引导孩子运用自我心理暗示。

拿破仑·希尔曾说："自我暗示是意识与潜意识之间相互沟通的桥梁。我们要不断对自己说，在每一天，在我的生命里，我都在进步。"他还举过一个在他以前工作的医院里发生的一个案例。事情是这样的，因为工作差错，医务人员将两个胸透病人的病历编号填错了，导致这两个病人取走了对方的检查报告。这两个病人中，有一个查出患有肺结核，另一个是健康的。但是因为取错了检查报告，原本健康的人看到检查报告说自己患有肺结核，最终因患有肺结核而进了医院，另一个原本患有肺结核的病人因为拿走了健康人的检查报告而不药而愈。

心理暗示的作用是巨大的。所以家长应该引导孩子在遇到问题、挫折时进行积极的自我暗示，引导孩子对自己说："我能行！""我是最棒的！"甚至可以让孩子在每天起床之后，对着镜子微笑，并对自己说："今天是美好的一天，我将很有信心！"这对提升孩子的自信心非常有用。

当然，有积极的自我暗示，也有消极的自我暗示，家长应该引导孩子避免做消极的自我暗示。为此，在孩子成功的时候，家长要及时由衷地表扬孩子；在孩子失败的时候，更要及时地引导孩子为失败做出归因，并且引导孩子向内部不稳定性的方面归因，切不可骂孩子，不能责备孩子，而是要真诚地鼓励孩子。这样孩子才不会往消极方面进行自我暗示。

（4）对孩子进行挫折教育。

培养孩子的自信心固然重要，培养孩子的抗挫折能力同样也很重要。同时提高抗挫折能力也是提高孩子自信心的一种重要方法。人的一生不可能一帆风顺，总是会遇到各种各样的挫折，只有自信心，而没有抗挫折的

能力，那么一个小挫折就有可能把孩子打回"原形"。

挫折也是锻炼孩子心理素质的好教材，它可以使孩子更客观地认识问题，认识自己的能力，促进孩子的成长。挫折还可以锻炼孩子的意志，如果孩子能够战胜挫折，那么对孩子意志力的提升更具作用。

孩子抗挫折能力低有孩子自身的因素，也有家庭教育的因素，其中家庭教育的因素影响更大。现在的孩子基本都是独生子女，父母及长辈都将孩子视为掌上明珠，对孩子的一切事情都采取包办制，甚至希望自己能够帮孩子把一切事情都安排好；对孩子的教育也是一切以孩子为重，宁愿委屈自己也要满足孩子的需求，在这样的环境里成长的孩子不懂得分享，潜意识里会认为身边的人都要以满足自己为目的。殊不知，这样培养出来的孩子抗挫折力几乎为零，到了外面后也更容易遇到挫折。

家长要提高孩子的抗挫折能力，就要改变以前的家教方式。

教育孩子自己能做的事情要自己去做。培养孩子的动手能力，让孩子意识到并不是所有的事情都需要别人帮忙才能完成，也并不是所有的人都会无条件帮自己，别人也有自己的事情。

引导孩子分析问题，做客观的归因。在中国有这么一种教育方式，如果孩子打翻了牛奶，并洒到了孩子的手上，家长马上跑过来说："孩子不哭，都怪这杯子这么滑才让牛奶洒出来了。"这样的"安慰"表面上是解决了问题——孩子不哭了，可是对孩子的影响却是负面的，这时孩子就想："都怪杯子滑"，而不是从自身找原因。长此以往，当孩子遇到问题时，第一反应都是找外界的原因，而不是从自身找原因，这样的孩子抗挫折能力怎么会高呢？而一个没有抗挫折能力的孩子，又哪里会有坚强的自信呢？所以，家长要教育孩子认识挫折、敢于面对挫折。

帮助孩子学习悦纳自己，需要家长有耐心，从多方面着手，让孩子通过悦纳自己慢慢树立自信心，成为一个充满自信的人。

本 节 家 教 智 慧

悦纳自己就是正确认识自己的优缺点，并且接受自己的优缺点。家长要引导孩子悦纳自己，按照一定的方法，从小目标的实现逐步向大目标的实现进军，进行积极的自我暗示，提高抗挫折能力，从而最终提升孩子的自信心。

第十四章

孩子脾气大，不能成为你打骂孩子的理由
——情绪无法宣泄让孩子脾气暴躁

　　当孩子长到两三岁的时候，意识开始慢慢具有独立性，这时候的孩子脾气大，想要事情按照自己的意志去发展，这是孩子独立意识的体现。然而年龄大一点的孩子发脾气，往往是因为宣泄自我情绪的需要，这样的孩子，一般是缺少家长关心与教育。

　　家长要根据孩子的年龄与心理成长的特点来分析孩子脾气大的原因，毕竟孩子发脾气的原因是多种多样的，耐心地对待脾气大的孩子，稳定孩子的情绪对防范孩子脾气暴躁尤其重要。当然，家长要花时间多陪伴孩子，让孩子感受到家长的关爱。家长也要尝试从孩子的角度看待孩子发脾气的原因，倾听孩子的内心话语，教会孩子放松，不要急躁地面对眼前的困难。孩子在面对压抑的情绪无法宣泄的时候，得到家长的积极疏导，这对于孩子在成长中缓解学习压力，舒缓情绪有巨大帮助。能够冷静地对待孩子的情绪，让孩子宣泄压抑的情绪，有助于培养孩子独立意识，塑造孩子积极的乐观精神。

如何让暴躁的孩子改掉坏脾气

在成长的过程中，孩子慢慢会形成自我独立的思想意识，因此家长要帮助他们了解、认识这个社会，学会与人相处。育儿专家指出，幼儿大概在两岁半左右，就会出现"坏脾气"，稍有不顺心就会发火，比如面对不喜欢吃的菜，掉转头跑掉，甚至把手里的饭碗扔掉；走路的时候，不小心被小石子绊倒，摔了一跤，就气得直用脚去踢；看到喜欢的东西央求妈妈买，一旦被拒绝就哇哇大哭，赖在地上满地打滚……每每面对孩子的这种状况，家长们都束手无策，不知道该如何是好？

家长们十分好奇，孩子小的时候是没有这种现象的，为什么现在这样子了呢？其实理由很简单：孩子刚出生的时候，没有形成独立的自我意识，不能分辨事物的好坏轻重，父母说什么就是什么，与周围的环境是一体的，所以当他做某件事不成功的时候，不会有强烈的情绪反应，只会一而再再而三地尝试，把它当做乐趣。但是随着年龄增长，孩子的自我意识逐渐形成，与周围的环境相分离，他有了自己的思想，所以一旦有不如意的事情，就会产生情绪变化，发怒、烦躁、气愤等不良情绪便显现出来。

面对孩子暴躁的坏脾气，很多家长采取的都是不正确的方法，例如面对吵闹不休的孩子，家长更是怒火中烧，对孩子大吼大叫，情节严重的更是变相体罚孩子、打骂孩子，给孩子的幼小心灵造成无法挽回的伤害。当然，还有很多家长则是采取娇宠的方式来处理。在生活中，人们常常可以看到一种"打桌角"的教育方式，比如孩子不小心磕着了，赖在地上哇哇大哭不起来，妈妈看到这种情况就赶紧抱起孩子，哄着说："宝宝不哭，都是桌子不好，你看妈妈这就惩罚它。"说着就伸出一只手轻轻拍打桌角。孩子搭积木失败了，积木全部散落地上，生气地哭了，妈妈就哄着说："宝宝不哭，是积木不好啦，咱们不和它玩了。"对于父母的这种处理方式，不能说一点用处都没有，它可能会使孩子瞬间停止哭泣，但是从长远看来，这种方法容易让孩子产生一种错误的认知，以为所有的错误、不如意都是别人造成的，没有自身的原因。等孩子长大之后，便会凡事以自我为中心，不知道如何与他人相处，遇到不顺心的事就把原因归结于他人，而不懂自我反思，造成人际关系差。也可以说这样的做法，让孩子失去了正确认识世界的最好时机。

面对孩子各种暴躁的坏脾气，父母首先要做的是要冷静下来，分析孩子为何这样，只有了解清楚原因后才能对症下药。对孩子的暴躁脾气，父母既不能惯，也不能打骂，否则会造成孩子和父母之间关系的不融洽。

有一个男孩脾气十分暴躁，经常和身边的人闹矛盾，朋友们都不喜欢他，他为此也伤心不已。于是他去找父亲，想让父亲帮助他。

父亲了解了事情的经过后，给了他一袋钉子，并告诉他，每当他感觉不好，很想发脾气的时候，就在院子里的篱笆上钉一根钉子。孩子抱着钉子欣然回去了。第一天，孩子发生了很多不如意的事情，他一下子钉了四十根钉子。第二天，情况稍微好点，他钉了三十根。这样，随着时间慢慢地推移，后面他钉的个数越来越少，他的脾气也好转了很多。他发现，相对于钉钉子，控制脾气反而简单得多。因为篱笆太坚硬，要在上面钉钉子对于还是一个孩子的他来说实在是有点费力。后来，终于有一天，他不再需要通过钉钉子来控制自己的坏脾气了，他高兴地跑去把这件事告诉父亲。

父亲又对他说："那好，从今天开始，如果你做到了一天没发脾气，就去把篱笆上的钉子拔掉一根。"孩子照做了。日子一天一天过，终于，篱笆上的钉子全被拔光了。他兴奋地告诉父亲。父亲牵着他来到篱笆前，语重心长地对他说："孩子，爸爸为你感到很欣慰。但是，你看看篱笆上的洞，这些洞是永远都不可能修复了。就像你和别人吵架一样，冲人家发脾气，说一些伤害他的话，就在他的心里留下了一个伤口，就像这个钉子洞一样，永远都无法复原了。"表面的创伤可能很快恢复，一句抱歉，一句对不起就能释怀，但是心里面的伤口，是难以恢复的。每个人都需要朋

友，他们在失意时安慰你，在困难时帮助你，如果你随意伤害他们，不懂得控制自己的坏脾气，最终只能伤己伤彼。

暴躁会使人失去理智思考的机会。因为不可抑制的暴躁，会让人丧失解决问题和冲突的良机。如果孩子脾气暴躁，父母一定要及时帮助他改掉坏脾气。脾气暴躁的人，会失去好朋友，伤害别人的感情，也让自己难受，得不偿失。

孩子脾气暴躁，父母要做正确的引导，让孩子改掉这一坏习惯。这话说起来简单，做起来还是需要技巧的。那么当孩子恼羞成怒，随意发火时，父母应该怎样做呢？

首先，应该先接受孩子的这一坏情绪。

人们都明白，生活中并不是事事都能顺着自己心意来，因此在面对不符合自己意愿的事情时，人们常常会很恼怒，情绪变得异常暴躁，孩子更是如此。面对这种情况，父母首先要做的便是站在孩子的角度理解他，接受他的坏情绪，允许孩子哭泣、恼怒或者躺倒一会儿。孩子在乱发脾气时，父母千万不能也跟着发怒，应该适当晾他一会儿，令其自己冷静下来。

其次，了解事情的前因后果，帮助孩子分析事情的真正原因。

人在盛怒之下，很容易擦枪走火，做出伤害他人的事情，因此，父母在孩子暴躁的时候除了先把他晾在一边，让他冷静下来外，还需要帮他分析事情的前因后果，让他明白这样做会给他人造成怎样的危害。孩子的分析能力有限，语言表达能力也有限，所以更需要家长的细心引导，帮助孩子把事情的始末陈述出来，把自己的真情实感也表达出来，然后帮助孩子进行分析，找出真正的缘由。比如，孩子搭积木失败这件事，父母可以说："宝宝不高兴是因为觉得积木倒了是吗？可是积木倒了不能全怪积木啊，还有一部分是宝宝自身的原因造成的。比如说是因为宝宝没有掌握搭积木的方法，所以积木才倒了的。"

最后，给孩子提出有效的建议。

在分析清楚孩子发脾气的原因后，给他提些有效的建议。比如，积木掉下来的原因是没掌握好技巧，可以告诉他积木该怎样搭。所以，当孩子发脾气的时候，家长只有在了解了事情的来龙去脉之后，才有资格对孩子的行为进行批评教育。这样也有利于孩子改掉坏脾气。

本 节 家 教 智 慧

孩子的自控能力差，易冲动，受不了挫折、磨难的考验，容易发脾气，对待孩子的此类问题，家长更要及时进行开导，让孩子从暴躁的情绪中走出来，树立正确的价值观。随着年龄的增长，孩子面临的问题会越来越多，家长更要好好处理孩子的教育问题。对待孩子的坏脾气，家长既不能姑息纵容，也不能打骂，要先冷静下来，分析清楚事件的前因后果，然后再进行教育。

2

情绪无法宣泄让孩子脾气暴躁

生活中，人们常常可以看到这样的场景：孩子趴在桌前写作业，写得心情烦躁，然后把作业撕了，又重新开始写，父母叫他吃饭，反而被孩子叫嚣："别来烦我，我不吃。"面对孩子无来由的怒火，父母也很苦恼，好像是自己做错了一样。但是看孩子熬夜苦读，又不忍心批评，这样放任的后果就是孩子的脾气越发暴躁，稍有一丝不顺心就大发脾气，令家长无所适从。而在孩子发脾气时，如果采取打骂等严厉手段，则会令孩子对父母产生怨恨，变得更加叛逆，令亲子关系产生无法逾越的鸿沟。因此，父母在面对孩子的暴脾气时，要冷静对待，分析清楚孩子出现这样行为的原因。

其实，孩子脾气暴躁，最根本的原因就是不良情绪无法得到宣泄。每个人都会有一定的情绪状态，大人能够冷静机智地应对，控制好自己的情绪，可是孩子就不一样了，孩子的自控能力差，一旦不良情绪产生就会当场失控。孩子年幼无知，在遇到令自己生气的事情时，对负面情绪把握不住，不知如何表达，就只能通过激烈的方式来宣泄，比如哭闹、打斗、言语上攻击他人等等。

情景一：

可可今年刚上小学一年级，开学时，妈妈给她买了个可爱的新书包，可可喜欢得不得了，在班里逢人就炫耀。一天，同桌小兰不小心把买的饮料洒了出来，溅到可可的新书包上，这下惹火了可可。可可十分生气，指责小兰："你真讨厌，看我的新书包被你弄得这么脏了，你赔我！"小兰也是个火爆脾气，回敬道："不就弄湿了一点点嘛，你至于吗？"可可一听更生气了，两人渐渐从口头之争转变到大打出手，最后老师出面制止，这才停下来。

情景二：

多多是个内向的人，有什么事情都喜欢放在心里，在学校也不合群，被同学视为孤僻的怪人。一次放假，妈妈答应带她去海洋馆看海豚表演，多多那天早早地就起床了，等着妈妈带她去。可是妈妈临时接到公司领导的电话，说有重要客户要来公司视察，指名要妈妈陪同，妈妈不得已推翻了和多多的约定。整个过程多多一句话都没说，但是双手一直紧握，深深的指甲印留在了肌肤上，妈妈心疼极了，可又分身乏术。

情景一中的可可喜欢用打骂的方式来宣泄自己的不满，情景二中的多多则是用伤害自己的方式来宣泄自己的情绪。但是，这两种宣泄方式都是不可取的，所以家长要教育孩子学会使用正确的方式来宣泄负面情绪。攻击他人、伤害自己的方式都是不良宣泄的表现，对孩子的身心健康极为不利。当然家长更不能采取错误的方式来对待孩子。有些父母本身就是火爆性格，当他们看到孩子产生负面情绪，对身边的人发怒时，更是气不打一处来，暴跳如雷，"你比我火大，我比你更火大"的想法在脑中形成，采用简单粗暴的方式直接压制孩子，在气势上胜过孩子，令孩子无从宣泄。采用这种方式表面上看效果显著，实际上，孩子是因为受到恐吓、惊吓，才被迫放弃这种行为的。长期这样下去，孩子的情绪无法得到宣泄，积累的问题越来越多，心理压力越来越大，性格就会变得扭曲。这种错误的做法十分不利于孩子的身心健康，容易导致孩子出现严重的心理问题。情绪无法正常宣泄，孩子也会变得更加暴躁不安。

因此，如何帮助孩子宣泄不良情绪，赶走暴躁脾气，便成了父母的难题之一。作为父母，应该始终关心孩子的生活点滴，及时帮助孩子以正确的方式宣泄不良情绪，并帮助孩子学会冷静分析问题，找出良策来应对。当孩子脾气火爆，情绪无法宣泄时，父母可采取以下方法：

（1）拥抱安慰。

人们常说，肢体语言是最好的无声语言，只用一个动作，一个表情，就能让人心领神会。所以，当孩子情绪烦躁，乱发脾气时，父母可以给他一个拥抱，或是抚摸孩子的后背，让他冷静下来，耐心询问他为何要这

样，鼓励他说出事情的前因后果，疏导他的情绪，并告诉他你理解他，明白他的感受。孩子感受到家长的关爱，就会放下戒心，慢慢平静下来，把心事说出来。千万不能在孩子脾气暴躁的时候用大声训斥或打骂的方式来教育孩子，这样容易激化孩子的情绪。如果处在公共场合，可以把孩子带离他人的视线，在一个安静的地方进行安抚，孩子更能感受父母的诚意，也更容易发泄出来。

（2）对症下药。

任何情绪的产生都是有原因的，比如和朋友争执，没有买到自己心仪的礼物，钱包被人偷了，等等。孩子的生活比较简单，产生负面情绪的原因也不外乎那么几种。因此，家长在孩子乱发脾气的时候，要先找到令他不高兴的原因，然后对症下药。只有有针对性地调整孩子的心态，才能起到更好的效果。

一般来说，孩子产生不良情绪，无法宣泄时乱发脾气，基本上是由以下几种原因造成的：

①为达目的

当孩子的愿望或要求无法得到满足时，就会向大人闹脾气、耍性子，希望通过这样的方式来达到他的目的。这时，家长应该做的是先让自己冷静下来，面对孩子的无理取闹，家长应该温柔地指出孩子要求的不合理，然后借助于外界事物来转移孩子的注意力，让孩子从哭闹的情绪中走出来，停止不良的宣泄行为。

②摆脱压力

孩子一旦长大，到了适学年龄，成绩压力、课程压力、父母期许接踵而来。特别是来自父母、老师的压力，逼得孩子无法呼吸。每当孩子在某次考试中失败，除了心里难受，还要接受来自父母、老师的批评教育，使得孩子的脾气越来越暴躁。因此，当孩子因为学习退步而烦躁时，父母应该鼓励他，告诉他不要着急，失败只是暂时的，要以一颗平常心来看待。

③消极感受

当有不好的事情发生时，孩子很容易会产生消极的情绪，比如愤怒、恐惧、悲伤等。在这种情况下，父母应该适当地引导孩子，令其走出阴影。比如说，孩子和朋友吵架了，孩子很生气，回到家就把自己关在房间，父母叫他吃饭他不仅不吃还冲父母大叫。这时，父母应该及时找孩子谈话，让孩子冷静下来，帮助孩子理清思路，找出事情的前因后果，是非曲折，然后弄清楚孩子的想法，再明确指出他的做法的对错，并告诉他如果是你会怎么做，用建议或提问题的方法引导他，让他自己找出正确的解决方法。这样孩子会比较有成就感，感受到父母的尊重，也会让孩子懂得如果以后再发生类似的事情，自己该怎么做。

（3）合理宣泄。

尽管你做了很多努力，孩子还是不能停止发怒，依然保持激动的情绪，这时，可以尝试些别的方式，比如找一个安静的地方，让他哭个够，又比如就让孩子尽情地发怒，等到他气消之后，再和他谈。育儿专家提出，冷处理是种很好的教育方式，特别是对于暴躁性格的孩子来说，当他们心情烦躁时，家长尽量不要去惹怒他们，而是先把他们晾在一边，时间久了，自然怒气就消了。等他们怒气消了的时候，再找他们谈话，那将会事半功倍。

本节家教智慧

人生不如意之事十有八九，关键在于怎么对待。孩子年纪尚小，对社会认识不深，想法也比较简单，有什么不顺心的事就喜欢发泄出来，导致伤害别人也伤害自己。家长在处理孩子的暴躁脾气时，应该采用正确的方式引导孩子，切忌使用打骂、训斥等激进的方式。父母要找到孩子暴躁的根本原因，然后帮助其分析前因后果，采用不打不骂的健康家教方式，让孩子把不良情绪宣泄出来。

3

孩子乱发脾气时，不妨试试冷处理

在日常家庭教育中，很多孩子的情绪都无法控制和管理，因为他们总是情绪多变，易发脾气。因而，许多家长很烦恼，甚至常常会听到家长们说"我家小家伙，人不大，脾气倒不小"。为此，美国家庭教育协会曾做过一项调查，结果显示，孩子们最让家长厌烦的行为中，乱发脾气排在首位。事实也的确如此，孩子的情绪，就像六月的天，说变就变，常常让家长们手足无措。

研究表明，幼年的孩子情绪变动比较大，也比较频繁。比如，2 到 5 岁的孩子比 6 到 10 岁的孩子更喜欢发脾气，而 6 到 10 岁的孩子又比 10 到 15 岁的孩子更爱发脾气等，以此类推，年龄越大，孩子控制和管理情绪的能力也就越高。在孩子的成长过程中，因为逐渐产生了独立意识，但语言的表达能力有限或他们无法通过语言更明确、清晰地表达出自己的内心思想，所以只能用发泄情绪，也就是发脾气，来表达自己内心的不满和渴望。而当孩子发脾气时，通常情况下家长都会比较紧张，所以孩子们在感觉到这一点的时候，他们就会利用发脾气对家长进行要挟，以满足自己的愿望。

总而言之，乱发脾气是每个孩子成长过程中的必经之路，也是孩子产生独立意识的一个信号。虽然发脾气可以发泄孩子内心压抑的情绪，但如果他们经常发脾气的话，则会对他们的身心健康造成一定的影响。因此，家长们不能因为孩子发脾气是自然情绪流露，就对他们的这种行为视若无睹。

当孩子乱发脾气时，家长不妨试试冷处理的方式。也就是说，面对乱发脾气的孩子，最好的办法就是不予理睬，不要放下自己的事情去哄孩子，因为那样只会助长孩子发脾气的嚣张气焰。家长表现得越是在意，孩子的情绪便会越发不可收拾，甚至越闹越大。所以，帮助孩子摆脱乱发脾气的坏习惯，最好的办法就是冷处理，如此一来，孩子就会觉得发脾气是在浪费时间，大哭大闹，只会让他们身心疲惫。当他们失去了观众后，自然就会觉得发脾气是没有用的，因此就会停止发脾气的行为。

美国著名的儿科医生 T·贝利·布莱泽顿曾说："你越试图阻止孩子发脾气的行为，孩子的这种暴躁情绪持续的时间就会越长。"因此，当孩子乱发脾气时，家长可以采取冷处理的方式，这样才不会助长他们这种不良的行为。也就是说，当家长传达出"即使你一直哭闹，我也不会改变态度"的信息时，孩子们就会明白自己发脾气的行为是毫无用处的。当然，冷处理并不是简单地不理孩子就可以了，它也是有技巧可言的，家长们需要掌握以下几点：

（1）置之不理。

其实，孩子有时候乱发脾气是为了吸引家长的注意力，以满足自己的要求。这时候，家长不可对其打骂或责怪，只要采取置之不理的态度即可。当然，有时候孩子发起脾气来，会叫嚷或摔东西，这时候，家长不能因为他这种狂躁的行为而生气，应坚持不理的原则，并表达出自己可接受的底线，让孩子明白"什么可以做，什么不可以做"。比如，让孩子知道如果自己打坏东西，会受到惩罚，或有意识地让孩子了解破坏东西发泄是不对的行为等。

（2）语言引导。

孩子发脾气是因为他们语言表达不够完善，因此，家长可以告诉孩子，如果生气时，可以说一些"我生气了"、"我很气愤"、"我很沮丧"的话语，让孩子用语言而不是发脾气来表达自己的情绪。如果孩子能很好地控制自己的情绪，或是在家长语言的引导下没有选择用发脾气的方式来发泄情绪，那家长就应给予孩子表扬，并对他进行精神鼓励。

（3）不要一起发脾气。

当孩子乱发脾气时，家长往往也会大发雷霆，并对孩子发脾气，这样无异于火上浇油，只会让事态变得越发不可收拾。因此，当孩子发脾气时，家长一定要控制好情绪，让自己冷静下来，理智地对待孩子的不良行为。

当然，孩子发脾气的原因很多，家长可以根据实际情况，采用不同的态度和方法对待。可以说，只要选择适合自己孩子的那种"冷处理"，就能把孩子的"心火"灭掉，使孩子的心理趋于平静。

本节家教智慧

古希腊科学家亚里士多德曾说："发脾气是正常情绪现象。"美国著名的心理学家丹尼尔也认为，一个人的成功只靠20%的智商，剩下的则是情商。也就是说，一个人的成功和他聪明与否并无多大的关系，主要是看他能否管理和控制情绪，以及能否善用情绪所带来的正面意义。因此，家长要培养孩子控制情绪和善用情绪的能力。

第十五章

孩子常说谎，不能成为你打骂孩子的理由
——孩子为什么爱说谎

　　孩子说谎，并不一定是因为个人品质不好，也不一定是不诚实的表现。孩子说话的时候，家长首先要分辨出孩子所说的话语是否是谎话，以免出现误会孩子的现象。如果发现孩子说谎，那么无论是小谎言还是大谎言，都应引起家长的重视，但切记不可用打骂的方式来教育孩子。孩子的心理是脆弱的，自尊心也很强，家长一旦动用了暴力，很可能适得其反使孩子对家长的教育产生抵触情绪，暴力非但拯救不了眼前说谎的孩子，还会把亲子之间的距离越拉越远。孩子说谎或是为了逃避责罚，或是为了得到关注，或是完全不知现实与想象之间的差别，所以作为家长就要具体分析孩子说谎的动机才能选择合适的教育方式。面对说谎的孩子，民主平和的教育方式是最有效最友好的方式，家长先缓解孩子因说谎产生的紧张感，才能打开与孩子有效沟通的大门，进一步引导孩子养成诚信的良好品质。

家长在孩子面前说一次谎，孩子就会说十次谎

中国家庭教育协会常务理事张春熙说，孩子的问题是家长问题的折射。因此，面对孩子爱说谎的现象，家长也应反思自己是否在孩子面前有过类似的行为。家长在孩子面前说一次谎，孩子就会说十次谎。

孩子出生以来接触最长久的处所是家庭，家庭之中父母更是处于教育的主导地位。美国当代著名心理学家阿尔伯特·班杜拉认为，来源于直接经验的一切学习现象实际上都可以依赖观察学习而发生。孩子通常从观察中学习并开始模仿所观察到的行为，在家庭之中，父母显然是孩子学习的第一任老师和榜样，父母的言行举止无不影响着孩子的认知。

现实生活中，人们常常能看到这样一种现象，一妇女带领着孩子坐公交车，由于车内人多拥挤，有人不小心踩到了妇女的脚，虽然那人已向妇女道歉，但妇女仍不依不饶地破口大骂，并谎称自己的脚因被踩而受伤，要求赔偿，而旁边的孩子也随即开始学着母亲的话语啼哭谩骂起来。家长这样的行为发生在孩子眼前，孩子由于年龄小无法辨认是非，认为家长的行为是正确的。于是孩子便开始自然而然地模仿学习，却无法从中认识到事实上真正良好的品质应是互相体谅。

孩子年龄小，认知能力差，模仿性强的特点导致孩子无法分清现实生活中的是非好坏，因此家长的行为无论优劣都容易被孩子模仿学习。如果父母平时为了自己的利益也爱说谎，那么孩子也极易学习到说谎这一行为；如果父母在生活中正直诚实，那么孩子就能够树立正确的价值观念，学会说实话，诚信待人。所以说，孩子说谎的形成也有家长失责的因素影响。

我国春秋时期的著名思想家曾子很重视家长在家庭中的榜样作用，认为许下诺言就一定要去完成。

一天，曾子的妻子想要去菜市场买菜，可是他的儿子不停地吵闹要跟着母亲前去，曾子的妻子不得不哄孩子说："你别哭了，只要你乖乖地在家，等我回来以后给你杀猪吃。"他的儿子听说有猪肉吃立刻就停止了吵闹，安静地在家等母亲回来。曾子的妻子回来后，看见曾子正在磨刀准备杀猪，马上就慌了，急忙向曾子解释说刚才是在哄孩子玩，所说的话不可当真的，可是这时曾子却严肃地对妻子说："小孩子还小，什么都不懂，只会学习眼前父母的样子，听父母的教训，孩子是欺骗不得的，如果你今天这样欺骗了孩子，就等于教他说谎话去骗人，而且，孩子还会觉得母亲的话不可靠，对母亲失去信任，这样以后他就不会相信你了，你要如何教育孩子呢？"曾子的妻子这才明白，孩子是不能欺骗的，不然，以后孩子便不会相信家长的话了，这对教育孩子很不利。于是她就帮着曾子把猪给杀了。

正是曾子对孩子模仿学习家长行为的观察，才能够指出孩子是不能欺骗的，才能重视父母在生活中的榜样作用。因此，在面对孩子成长教育的时候，家长一定要重视榜样的作用，使自己在孩子面前成为正面的榜样，以此形成正面积极的效应，克服消极的影响。

那么，家长应如何为孩子做好榜样呢？

（1）加强自身修养。

首先，家长要注重自身道德修养的建设，孩子学习做人，最开始并不是从简单的道理说教学习而来，而是从观察父母为人处事的行为中模仿而来，家长为人真诚、尊敬长辈、乐于助人、惩恶扬善等等这些行为都会长远、深刻地影响着孩子。如我国著名作家老舍先生，其母亲待人热情，老实忠厚，对待左邻右舍有求必应，也得到了左邻右舍的善意回报。老舍先生因此学会了母亲为人处事的方法，传承了母亲的性格特征。可以说其母亲真正从生活细节上影响了老舍先生，造就了老舍这样一位朴实求真的伟大作家。

其次，家长也要注重文化素质的建设，做一个学习型的家长，让自

身拥有良好的素质，这种素质也会直接影响着孩子的心理品质。家长不断地解放思想，在家庭教育中采用创新优良的理念，才能适应时代的特征要求。

（2）以身作则。

家长不仅要对孩子教育有要求，也要对自身作出要求规范，同时家长自身要形成一定的生活规范，并规定家庭成员的生活准则。当发现孩子说谎的时候，家长要好好利用榜样作用，以身作则，家长对孩子说实话，孩子才会领会到实话的重要意义，明白说谎的严重后果。

（3）创造良好的生活环境。

和谐、友爱的生存环境，有利于孩子的心理成长，而营造适合孩子健康成长的环境，要求有一个良好的家庭氛围，这一氛围的有效创造取决于家长的耐心、恒心、爱心等的综合。

家长说谎一次，孩子则会变本加厉的效仿，这样的严重后果家长应事先预想到。因此，孩子说谎并不能成为家长打骂孩子的理由，家长应对孩子的说谎行为，深入了解，并在日常生活中规范自己的行为。家长在生活中的榜样作用应该得到家长在家庭教育中的高度重视。

本节家教智慧

孩子说谎不一定都是孩子的错，家长也应该从自己身上找原因，在孩子成长的道路上，家长应做好孩子学习的第一任榜样，家长的言行举止将对孩子的行为产生重大影响。因此，家长要用诚实的行动告诉孩子做人的道理，用诚实的行动告诉孩子真诚的意义。

2

帮孩子找到爱说谎的原因

人们常说孩子是最纯真的天使，但当孩子成长到一定的年龄后会常常伴有说谎的现象出现，那么，家长应如何教育爱说谎的孩子呢？针对这个问题，专家指出，家长要先探究孩子为什么会说谎。而关于儿童说谎的原因，通常可以归纳为以下几点：

第一，逃避家长的责罚。

孩子犯错后害怕家长的批评或是暴力，因此常常会选择用说谎来掩盖自己的过错，以此躲过家长的责罚。如果说谎成功，孩子便容易接受这一方式，最终形成习惯。比如有的孩子因为考试成绩差会选择说试卷丢了或是成绩单还没有发下来，这是为了逃避家长的批评。

第二，现实与想象的混淆。

二至三岁的孩子处在前运算阶段，这个时期的孩子通常借助表象符号来代替外界事物，不能够将事物联系起来。孩子会好奇为什么人和动物长得不一样，因此孩子跟随自我意识说出来的话，例如"人会飞，人也拥有翅膀"这种谎话对孩子而言不是欺骗，是他理所当然地这么想而已。

第三，获得成就。

孩子会为了在某一方面得到荣誉而选择说谎，通常是为了得到家长、老师、同学的表扬，在心理上得到一定的荣誉满足。家长也总是喜欢向旁人炫耀自己孩子所获得的种种荣誉，这无疑助推了孩子想要得到更多奖励与夸奖的心理。

第四，逃避困难问题。

孩子讨厌上学或是遇到不愿意做的事，也常常选择说谎，常常以生病、肚子疼来博取家长、老师的同情，以此躲过不愿意做的事。

第五，引起特别关注。

有些孩子说谎纯粹是为了得到家长、老师、伙伴的重视，为了得到他们的关注。这其中有较多善意的谎言。因为孩子很多时候由于语言能力的有限或是意识形态的初步形成并不能够表达出自己心里真正想要的，只好用一些谎话来表达自己的心情。当孩子说"我头好疼"的时候，可能并不是真的头痛，而是心里想要与父母亲近，希望得到父母的陪伴。

第六，周围的环境影响。

社会、家庭、学校的环境也是造成孩子说谎的因素，如果孩子身边的伙伴也常常说谎，那么这个孩子也很容易被伙伴影响，开始学习他们的这一行为；如果孩子的父母对孩子说谎这一现象又不重视，对孩子放任自流，那么孩子的这一行为边可能持续下去成为不良习惯，这对孩子的成长及未来具有重大的消极影响。

可以说，孩子说谎是孩子心理发展过程中的正常现象，因此发现孩子说谎，家长不能一味地以打骂的方式来教育，这样的方式产生的效果很容易是负面、消极的。

小明从上学以来学习成绩一直很好，他的父母也一直引以为傲，常常以考双百分奖励小明，可是自从升入五年级后，他的学习状况就不如以前了，而且常常希望能够自由出去玩乐，同伴为了能和小明一起玩，教他谎称自己是去同学家学习。于是，小明便开始了第一次说谎。一次成功后，又不断出现第二次、第三次。当小明妈妈看到了他的考试成绩，并发现小明说谎很是失望，批评责怪他没有认真学习，也不给他好脸色，而且常常限制小明的自由时间，不准小明看电视、上网、出去与同伴玩，致使小明对学习越发失去了兴趣。小明妈妈这样的处理方式是极端不正确的，当发现孩子厌学就应该主动询问原因，积极找到解决方法，发现孩子说谎的现象时，更不能极端地限制孩子的自由，导致孩子失去学习的动力，失去生活的乐趣。

事实上，父母应该先了解孩子说谎的原因，再因势利导，鼓励孩子承认错误、说实话。

三岁的女孩莉莉在家里跑动时不小心碰倒桌子，碰坏了妈妈刚刚买来的花瓶，妈妈回来后很生气地质问莉莉怎么回事，莉莉害怕被责罚说："小猫咪刚才从桌子上蹦过去，碰倒了花瓶。"妈妈一听就知道莉莉在说谎，为了让莉莉以后不再说谎，妈妈先说："每个人都会犯错，犯了错承认了就是好孩子，妈妈不会批评好孩子的。"莉莉为自己说谎感到很羞愧，于是，马上承认是自己不小心打破了花瓶，并说明以后再也不说谎了。妈妈的教育方式温和有效，莉莉也能从中体会到说谎的羞愧感和说实话的快乐。

不一样的教育方式将产生不一样的教育效果，所以这也就要求家长在面对孩子说谎的时候要根据事实情况来具体分析，做出具体的教育决策。

如果孩子是为了避免惩罚而说谎，那么家长应该对说谎的孩子温和地询问，告诉孩子自己并不会追究他所犯的错误，而说谎则是不对的。家长要逐步了解孩子的心理与能力，让他主动承认错误，学会诚实地面对结果，帮助他解决问题。

如果孩子是分不清现实与想象而说谎，那么家长应该知道孩子在两三岁的时候由于还分不清现实与想象，认为自己所想事物或是故事情节都会实现，因此有时候"童言无忌"，这时候家长应对孩子所说的想象的事物给予鼓励性的语言，启发孩子的思维创造力。

如果孩子是为了获得成就而说谎，那么家长则要向孩子分析以说谎得到的荣誉不是真正的荣誉，说实话比说谎话更高尚。可以通过表扬及时承认错误的孩子让他感动，体会诚实的可贵，走上诚实的道路。

如果孩子是为了逃避困难而说谎，家长就要对孩子说明什么是真正的困难，对孩子的性格缺陷要及时弥补。面对孩子的谎言，家长要尝试将自己视为儿童，以童心体会孩子面临的困难，并协助孩子解决。

如果孩子是为了引起大家的关注，那么这就折射出家长在生活中对孩

子心理的忽视，因此家长要自我反省，对孩子多给予关注与陪伴。家长常以工作为名推托和孩子的约定，孩子被家长的约定欺骗，本身就很失落，所以，如果家长发现孩子出现这样的说谎情况，那么就要适时反省自己是否对孩子不够关心，而不是一开始就责怪孩子。

如果孩子是受周围环境的影响而说谎，那么就要从多方面进行分析，从社会、家庭、学校环境入手分析主要原因，并一一击破不利因素，重新塑造良好的社会生活环境。在孩子处于成长阶段时，他身边的一切环境都是影响孩子成长的因素，而他辨认是非的能力还在形成的过程之中，因此，家长一定要重视自己的引导作用，作为家长，要主动分析孩子说谎的原因并及时找到根源，为其创造良好的生活环境。

针对说谎的孩子，家长不能以打骂的方式进行教育。

当发现孩子说谎时，家长要先了解孩子说谎的动机，这样才能具体分析，针对不同的情况采取不同的教育方法，这对孩子的心理成长很重要。改正孩子说谎的毛病时，不仅要让孩子意识到说谎话的严重性，还要让孩子意识到说实话的可贵性。

本节家教智慧

现今社会以诚信来衡量一个人的优劣，那么作为父母，一定要用正确的方法引导孩子走上诚实的道路。发现孩子说谎，家长首先要弄清孩子说谎的原因，了解孩子想要的是什么，并根据实际情况，妥善地予以解决，而不是失去理智地责怪与打骂，只有这样，孩子才能够逐步养成不欺骗他人的品格。

3

孩子爱说谎——要用事实戳穿孩子的"假话"

小小年纪常常说"假话"，家长也习惯性地不分青红皂白的发脾气甚至对孩子打骂一番，告知不准再说谎便就此了事，然而，打骂式的教育常常会起到负面的作用，孩子有时候会变本加厉地选择说谎来达到自己的目的。而人们也逐渐意识到针对说谎的孩子，不能纯粹以打骂的方式来教育。

当怀疑孩子在说"假话"时，家长应该最先确认事实的真相到底是怎样的？因为事实会戳穿孩子的"假话"。

所谓孩子的"假话"，有时候并不是真正意义上的谎言。根据德国儿童心理学家斯特恩的研究，儿童直到七八岁，都不能完全陈述事实。他们在生活之中认为自己所坚持的内容是理所当然，并没有欺骗的成分，他们即使是根据自己的需要扭曲了事实也不知道自己在干什么，可见年龄小的孩子并不知道自己所说的话具有什么样的道德意义，孩子总是乐于利用身边的一切条件来达到满足自己需求的目的，且大部分孩子所说的话也是与现实有所偏离的。

孩子说"假话"的阶段是儿童心理发展的必经阶段。

一方面，这个阶段的孩子以自我中心为特点，他会为了达到自己的目的而做出各种行为，甚至无视事实的真相，学会在成人面前以自己的方式展示事情的内容，或是掩盖事实的真相。另一方面，孩子所学习到的经验和存储的记忆有限，所达到的认知水平也有限，当要表达某个事件的时候，孩子找不到相对应的语言来诠释，于是常常会出现孩子用错误的语言"捏造"家长不知道的事的现象。

面对孩子的"假话"，我们要如何解决呢？家长切不可以用打骂的方

式来逼迫孩子承认错误，家长要合理引导孩子说出事实。尤其是对于孩子想象与现实的断裂，家长应该用事实这一桥梁来连接孩子的想象与现实。

星期天，妈妈带着小东到同事陈阿姨家做客。陈阿姨家有个和小东同龄的儿子叫乐乐，两个孩子玩的时候，乐乐向小东展示了自己的很多玩具，飞机模型、变形金刚、遥控汽车等等，小东家里并没那么多新奇的玩具，可是小东不想让自己没有面子，于是，每次在乐乐拿出新的玩具时，小东随后就会说："这个我们家也有。我们家还有新的玩具"，这让乐乐羡慕不已。到了吃饭的时候，乐乐突然对妈妈说："妈妈，周末我们去小东家玩，好不好？我想和小东玩，小东家有很多新玩具呢！有新的哈利波特玩具！"乐乐说出的话让小东妈妈很吃惊，并说："我们家没有这些玩具啊？"小东也很羞愧，又说："我是说以后我妈妈会给我买那些新玩具的，我没有说我们家现在就有那些玩具。"乐乐很不开心，觉得小东欺骗了他，小东妈妈也觉得小东怎么可以对大家说谎呢？然而小东并没有觉得自己欺骗了乐乐，他认为自己说家里有玩具的时候并没有说是现在家里有，不算说谎。小东的假话说出来以后，被大家识破，气氛很尴尬，两个妈妈及时平息了孩子们的争吵。回家的路上，小东妈妈对小东询问说谎的原因，明明没有的东西为什么要说有呢？小东说他这么做只是不想让自己在乐乐面前处于低他一级的感觉。孩子会想要你有我也有的平等感，小东就是为了满足自己的虚荣心，满足想象中的平等感而选择扭曲家里没有新玩具的事实，并说了大人们认为的"假话"。说大话的孩子并不容易察觉自己的话具有欺骗性，只有大人们发现孩子说的话与事实不相符的时候，才会将孩子的话定义为谎话。

在这种情况下，小东的假话反应了小东的心理需求——维护自尊，面对维护自尊的孩子，家长不应以打骂的方式来教育，这样暴力的方式不能从真正意义上起到教育的作用。小东由于年龄小为了维护自尊选择了错误的方式。家长也不要急于批评，应该在发现问题之后合理地激发孩子对维护自尊的需求，引导孩子追求正确的方式，采取恰当又符合实际的手段。小东妈妈可以选择用事实来戳穿孩子的"假话"，告诉孩子新玩具、旧玩具都是玩具，不要虚荣攀比，这样才能让孩子在自己的领域获得尊严感，并懂得选择正确的价值观，采用恰当的手段来体现自尊。

三岁的童童最近不爱上学了，童童妈妈很奇怪，童童一进幼儿园大门就哭个不停，妈妈询问原因，童童就一直哭闹着说"里面有只大老虎"，妈妈认为孩子在撒谎，并对他批评了一番。幼儿园老师倒不觉得童童爱撒谎，但是幼儿园里怎么会有老虎呢？经过几次观察，老师才发现原来有一个小朋友穿了件虎皮纹的衣服，童童把他想象成凶猛的大老虎了。由于童童将自己想象的老虎与现实中的穿虎皮衣的同伴混淆，幻想了大老虎的存在。

作为家长，在孩子还未能完整地叙述事件时，应该主动去发现孩子说出奇怪话语的原因而不是立刻对孩子的话语进行定义，将不符合现实逻辑的语言定义为谎言。孩子有时并不是说谎，而是利用其他的语言代替了现实中的事物。孩子的想象力丰富，家长不妨告诉孩子什么是现实的，什么是想象的，用事实证明孩子说的是"假话"，教会孩子逐渐将现实与想象区分，并学会表达自己的想象。

孩子的成长是需要家长引导的，纯粹的不分青红皂白的打骂教育是不能够起到积极的教育作用的。孩子的"假话"需要家长辨别并加以分析，家长可以尝试用事实的结果对孩子提出疑问，让孩子自己主动发现，学会自己区分现实与想象，学会主动说实话。有效利用事实来戳穿孩子的"假话"，避免了家长与孩子的针锋相对，而且更有事实的可信度，让孩子明白事实的重要性。

本节家教智慧

用事实说话，往往对孩子的教育具有更深刻的影响，用事实将谎言打破，让孩子能够一步步认识到事实的真实性，理解到自己所说的话的欺骗性。打骂的教育方式绝不是一个明智的选择，这一教育方式不仅忽视了事实的真实性，还忽视了儿童心理的健康成长，所以这就要求父母面对说谎的孩子时，学会用事实来教育孩子，领会到孩子说谎并不能成为父母打骂孩子的理由。

要满足孩子合理的要求和愿望

　　家长在发现孩子说谎后，一定要去寻找孩子说谎的意图，了解孩子说谎的真实心理，孩子需要什么，想要什么，而不是急于对孩子打骂，因为家长的打骂会将孩子内心真实的话语给埋没，打击孩子的内心，对孩子的心灵造成不利影响，也容易造成亲子关系的紧张。

　　对于孩子说谎的问题，作为家长要选择正确的应对方法。事实上，更多的孩子都是为了满足自己的愿望才选择说谎，因此家长一定要分辨出孩子的合理要求和愿望。孩子往往会因为想要得到自己心里渴望的东西而选择撒谎。那么家长在怀疑自己的孩子说谎时，首先做的应是证实孩子是不是真的在说谎，如果孩子是真的在说谎，那么应该找到说谎的原因，而当发现孩子是为了满足自己的愿望而选择说谎时，家长就要去了解孩子的真实需求，如果孩子的需求和愿望是合理的，家长应设法满足孩子。这样，能够让孩子建立起诚信的意识，避免以后用不诚信的手段来满足自己的愿望。

　　兰兰是个7岁的小姑娘，因为父母工作很忙，于是对她的学习生活也不闻不问，大部分时间都是爷爷奶奶照顾她。妈妈认为孩子很小，不需要那么多的零花钱，也不需要那么多的玩具和漂亮衣服，所以对这方面给予的很少。兰兰看见身边的小伙伴买来好吃的零食，玩着好玩的玩具，穿着好看的花裙子，很是羡慕，于是，偷偷拿了奶奶的钱去街边的零食店买零食了。一天，妈妈发现了兰兰书包里的棒棒糖，便问兰兰怎么回事，兰兰结结巴巴地说是因为自己在学校成绩优秀，平时表现积极，获得了老师的表扬，这是老师奖励的。妈妈有点不相信，后来找到老师询问情况，老师说，兰兰在学校成绩优秀，积极帮老师搬作业本。但平时对这样的好学生老师都会奖励小红花，到了期末的时候可以拿小红花来和老师兑换铅笔或是橡皮等文具用品，并没有奖励零食的方式。妈妈这才知道兰兰说谎了，于是去问奶奶，奶奶说家里确实丢过钱，但都是几块几块的钱，因担心兰兰被妈妈责怪就一直没有告诉她。而兰兰妈妈这次很是担心兰兰，小小年纪不仅拿了家里的钱还学会说谎。

兰兰之所以会有这样的行为，正是由于妈妈平时和孩子没有及时沟通，没有了解到孩子的内心需求而导致的，如果妈妈平时能够注意到孩子的真实想法，这一情况完全是可以避免的。兰兰想要买零食，想要拥有与其他伙伴一样的玩具，这些愿望并不过分，妈妈在发现孩子说谎的时候就应该了解到孩子的想法，不要因为孩子很小就觉得孩子什么都不需要，而且应该适当对此做出改变。此时对说谎的孩子宽容，不打骂，则是最好的处理方式。儿童发展理论学家和心理学家艾里克森博士认为，当孩子的要求得到满足，他就会信任周围的人。也就是说，满足孩子的合理要求和愿望，可以培养他的信任感，对父母的信任感尤其重要，父母应该在不影响孩子健康成长、家庭条件允许的前提下，尽量满足孩子的合理要求，增添孩子对父母的信任感，让孩子感受到父母对自己的关爱，避免孩子用不正当的手段来满足自己的需求。

所以这就要求家长在对孩子的说谎教育中要学会满足孩子的合理要求与愿望。对此家长应该做到：

（1）时常亲近孩子，多聆听孩子的需求。

在生活当中，父母与孩子要时常亲近，要多和孩子游戏，沟通交流，父母应了解孩子的需要，适当满足孩子合理的要求，让孩子感受到父母的关爱，感受父母的亲和。避免孩子为满足需求而出现说谎现象。

（2）不惩罚认错的孩子，询问孩子的愿望。

孩子说谎犯了错，家长不可暴力批评，反而应该赞扬认错的孩子，仔细询问孩子说谎的目的；家长不应为孩子合理的需求和愿望而惩罚孩子，家长应认识到正是由于自己对孩子愿望的忽视才导致孩子说谎；家长严厉

而粗暴的惩罚措施可能还会变相塑造孩子说谎的能力，让孩子今后把谎话说得更为巧妙而更不容易被家长发现。

（3）尊重孩子的要求与严格要求孩子相结合。

想要孩子诚信，家长除了以身作则坚持诚信，给孩子做个好榜样外，还应该尊重孩子内心的想法。如同教育学家马斯洛在需要层次理论中所提到，儿童的自尊心如果在某种程度上得不到期望的尊重就可能会出现不诚信的言行。即使孩子出现了说谎现象，家长也应尊重孩子的想法与愿望。当然，对孩子有求必应，放任遵从也不可行，父母应该将尊重孩子与严格要求孩子这两者有效地结合起来，在尊重孩子的同时制定相关的行为规范，让孩子按诚信的要求严格要求自己，不说假话、不说大话、不说谎话，自觉养成良好的行为习惯。

小雨曾是一个品学兼优的男孩，在他10岁时，因一次撒谎，被父亲重打一顿，那是他第一次撒谎，而他的撒谎经过很简单：一天晚上，小雨告诉母亲第二天要参加班集体组织的郊游活动，但母亲第二天得知学校并没有安排郊游活动。晚上，在父母的再三追问下，小雨才说出了事实的真相，原来他和班上的几个男生相约去学校的后山爬山玩去了。父亲勃然大怒，认为小雨不仅没有好好学习，还撒谎欺骗父母，把他痛打了一顿。这样的打骂教育并没有起到积极的效用，还让小雨很受伤，日后他开始变本加厉地撒谎。

在此次事件中，小雨的父母并没有询问小雨撒谎的原因，也未关心小雨的要求。其实当时若有人尊重已经承认了说谎的小雨，问一问他为什么说谎，问一问他的要求，那么就会发现他那一次是因为提前和同学约好去后山爬山，为了不食言才选择前一天和父母说谎是参加班里的活动。如果当时有人尊重小雨的想法，能够安慰认错的小雨，对他认错表示赞许，对他不食言表示赞同，那么后来的小雨便不会撒谎成性了。

著名教育家陶行知先生说过这样一句话："真的教育是心心相印的活动，唯独从心里发出来的，才能打动心的深处。"父母在教育孩子的时候，如果能够将心比心，尊重孩子的内心，真诚满足孩子合理的要求与愿望，那样犯了错的孩子也会从错误中反省自己的过错，学习正确的观念。小雨的父母忽视了小雨选择撒谎的真正目的，只看到表面玩乐与撒谎的现象，从未深入探究孩子的选择，这才导致了小雨走上了撒谎成性的道路。

想让孩子学会不说谎，对其打骂往往会适得其反，打骂只会令说谎的孩子越加厌恶大人的的行为，越加反感抵触大人所说的道理，甚至强化孩子说谎的行为。在孩子成长的过程中，家长如果不深入孩子的内心，就永远无法了解孩子的真正要求，无法在教育孩子的道路上走得顺畅，更无法让孩子感受到家长的良苦用心。只有深入了内心，满足了孩子合理的要求与愿望，才能够和平友好地维系家庭关系，互相信任，并让孩子树立正确的价值观。

本 节 家 教 智 慧

恰当的满足孩子内心的合理要求和愿望，在一定程度上能够影响孩子的内心成长，能够避免孩子的不诚信行为的发生。家长一定要了解孩子的真实内心，温和地对待说谎的孩子。说谎的孩子并不完全是无理取闹，家长的耐心询问，能让孩子感受到来自家庭的关爱，感受到说出愿望的美好心情。